tredition®
www.tredition.de

AF178911

Roland Greis

# Flugversuche

Gedichte

Verlag und Druck:
tredition GmbH, Halenreie 40-44, 22359 Hamburg

ISBN
Paperback: 978-3-347-21887-1
Hardcover: 978-3-347-21888-8
e-Book: 978-3-347-21889-5

# In Erwartung von Licht

***Gespräche sind der Flügelschlag,***

***ohne den wir auf günstigen Wind warten müssen.***

# Orientierung

**1**

Ruhig und zielstrebig
das Richtige tun
und alles Hindernisse
als Herausforderung nehmen;
Sich nicht beirren lassen
vom Beifall oder Gelächter der Welt.
In Dir selbst
ist alle Kraft,
die Du brauchst.

**2**

Warten können,
weil der Same gelegt ist;
Sich freuen können
am Wachsen der Frucht;
Bereit sein
zur Zeit der Ernte.

---

**3**

Befriedigend scheint
und ruhmreich der Sieg
über den Gegner zu sein.

Größer aber und
schwerer zugleich ist der Sieg
über sich selbst.

**4**

In dieser Zeit der Erschütterungen
sei unerschütterlich.

**5**

Prüfe,
aber prüfe zuerst dich selbst,
denn nur, wenn Du weißt,
wer Du bist,
kannst Du erkennen,
wem Du begegnest.

**6**

Zum Tor für Andere
und für Licht
kann nur werden,
wer sich selbst
nicht mehr wichtig nimmt
und in Bescheidenheit
und Demut
seine Aufgabe erfüllt.

**7**

Mahatma Gandhi

Schau ihn an
den Zerbrechlichen!
Seine dünnen,
abgemagerten Arme
haben das britische Weltreich
aus den Angeln gehoben.
Der runde, kahl geschorene Kopf
mit den abstehenden Ohren:
Bewahrer der Weisheit von drei Jahrtausenden.
Das kindlich entschlossene Lächeln

---

der Sanftmut,
mit dem er
seine bis an die Zähne bewaffneten Gegner
bezwang.
Schau ihn Dir an
und erbleiche!

**8**

Gandhi

Wie lange haben sie versucht,
sich gegenseitig das Wasser abzugraben,
sich bekämpft
und wieder bekämpft
Auge um Auge,
bis alle blind geworden sind.
So viele Siege und Niederlagen,
so viele Triumphe und Opfer
wofür?

Und dann bist Du gekommen
und hast sie erinnert
und ihnen gezeigt,

was der Mensch vermag,
der das allen gemeinsame Übel
bei sich selbst zu bekämpfen beginnt.

Deine Liebe, Mahatma,
hat uns
die Selbstachtung wieder gelehrt,
die Selbstachtung dessen,
der um die eigenen Schwächen weiß
und, sich selbst überwindend,
nicht mehr des Siegs
über Andere bedarf.

Du hast ihnen ins Auge geblickt
und ihren Hass
ins Bodenlose Deiner Liebe
hinabstürzen lassen
bis dahin,
wo er aufschlagen musste
auf dem eigenen Gewissen
und ihnen vor Scham
der zum Schlag erhobene Arm
heruntersank.

---

Dein zähes, unnachgiebiges Vertrauen
in den Gott, der in uns allen wohnt,
hat uns wieder sehen gemacht.

**9**

Zum Tode Mahatma Gandhis

Dieser Mensch
mit den zusammengezogenen Brauen
blinden Hasses,
wir sehen ihn,
wie er,
Ehrfurcht heuchelnd,
sich unter die Suchenden mischt,
wir sehen den Kniefall,
seine zum Schein gefalteten Hände,
die Sekunden später
die Waffe auf Deine Brust richten werden,
und wie er,
im Versuch, Dich, große Seele,
zu töten,
abdrückend,

mit drei Schüssen sich selbst
und seine zukünftigen Leben auslöscht.

Und während Du
mit den Worten *He Rama*
zu Boden sinkst
und dem Mörder
die Arme herabfallen,
schneidet sich wie ein Messer
in uns hinein die Gewissheit,
dass nichts
Dich lebendiger macht
als dieser Tod.

**10**

Auf Dich kommt es an,
denn Du bist es,
der die Welt verändert!

Wenn Du nicht
den Sinn Deines Lebens
ergreifst
und Dich nicht
der Lemmingflut lebender Leichname

---

entgegenstellst
und Dein Halt rufst,
wer sonst soll es tun?

Wenn Du enttäuscht,
resigniert,
hoffnungslos
stehen bleibst
und Dich in Selbstmitleid ertränkst;
Wenn Du nicht beginnst,
die Fassaden niederzureißen
und wartest,
bis sie zusammenstürzend
uns alle begraben -
Dann wird es geschehen:
Sie werden über Dich hinweg
ihren Totentanz weiter tanzen,
Dich hineintreten
ins Nichts
und Recht behalten.
Auf Dich kommt es an!
Ergreife Dich selbst
und die Welt wird eine andere sein.

**11**

Du kannst ihnen nicht sagen
was zu tun sei,
aber Du kannst anfangen,
den Weg selber zu gehen
und die Schwächen,
die wir alle haben,
bei Dir selbst zu bekämpfen.

**12**

Immer
habe ich gesucht
jemanden,
der hinter mir steht,
wenn ich falle,
der mir auch noch
ins verzerrte Gesicht
vertrauensvoll schaut
und im richtigen Augenblick
die Hand auf meine Hand legt,
jemanden,
der mich erinnert
an mein besseres Ich,

---

wenn ich vergesslich bin,
der mich aufhebt,
wenn ich gestürzt bin:
Jemanden,
mit dem zusammen ich,
mich selbst verändernd,
vieles ändern kann.

**13**

Glücklichsein

Die Stimme,
die durch das alltägliche
Presslufthammergeräusch
hindurchdringt,
die Wärme eines Händedrucks
im Winter,
das Lächeln
schweigenden Einverständnisses
und eine Sekunde lang
der Widerschein des Lichts
im Auge, das dich erneut
zum ersten Mal sieht.

**14**

Friedensgebet 5. 10. 1983, 11.30 Uhr

Fünf Minuten für den Frieden,
das sind,
fünf Minuten, in denen in Ost und West
vier Millionen Dollar für Rüstung ausgegeben werden,
fünf Minuten, in denen vierhundert Menschen verhungern,
fünf Minuten, in denen fünf neue Tropfen
in das zum Überlaufen volle Fass fallen.

Aber,
wenn es nur fünf Minuten sind,
in denen keiner von uns einen Gedanken denkt,
der das Fass weiter füllen hilft;
fünf Minuten, in denen versucht wird,
dem Wahnsinn
ein wenig Vernunft und Liebe
und Ehrfurcht und Achtung vor allem,
was lebt,
entgegen zu setzen,
vielleicht können das
fünf Minuten sein,

in denen wir eine Handvoll
von dem Schutt abtragen helfen,
den wir und Andere
mit jedem Tag auf uns häufen,
an dem wir in Ablehnung,
Verneinung
und Selbstüberhebung
erstarren.

**15**

Jedes Mal kann nur ein Anfang sein
auf einem Weg voller Anfänge,
dessen Richtschnur die Treue ist
zu sich selbst:
Die Fähigkeit des Geistes
stärker zu sein.

**16**

Seit ich Dich fühle
und das Licht Deiner Führung erlebe
sind Trauer und Schmerz
nur mehr Wege
der Gewissheit zu Dir.

Jetzt erst
kann ich das Fallen der Blätter
mit Dankbarkeit sehen,
und der Zug der Vögel,
die in wärmere Zeit
hinüberfliegen,
erfüllt mich nicht mehr
mit Sehnsucht,
sondern mit Freude
auf ein anderes Jahr.

Aber jetzt bin ich hier,
wo es Winter ist
und vom Froste die Fahnen klirren,
aber nicht, um zu frieren,
sondern einen Berg anzuzünden
aus dürrem und totem Geäst,
dass Wärme wird
und das Eis schneller schmilzt.

---

**17**

Nun bist Du da
und liegst ganz nackt
zum ersten Mal allein
und bist so still
als würdest Du
noch ganz woanders sein.

Das erste Licht
des neuen Tags,
es dämmert draußen schon,
und mit der Sonne
fängst auch Du
Dein Leben an, mein Sohn.

**18**

Der Tag hat angefangen
nach langer, schwerer Nacht
voll Hoffen, Fragen, Bangen:
Du bist zur Welt gebracht.

Im Arm der Mutter schmunzelt
Dein schlafendes Gesicht,
ein wenig noch verrunzelt,
doch voller Zuversicht.

Halb öffnest Du die Augen,
nimmst einen kurzen Blick
und gleitest dann zufrieden
in andre Welt zurück.

## Wegweiser für Schüler

**19**

Siehst Du das Licht,
das strahlend hell
und wärmend
aus der Pforte fällt,
die jeden Tag,
an dem Du suchend
selbst Dich öffnest
immer weiter wird?

Wer einmal dieses sah,
am Morgen, wenn der Sonne Glanz
die ganze Welt in Farben taucht,
der wird nicht ruhn
und voller Dankbarkeit
so gut es geht
das Seine tun.

**20**

Wenn der Seiltänzer das Seil betritt
und zum anderen Ende strebt
und mit dem Auge bei jedem Schritt
an den eigenen Füßen klebt -
dann verliert er die Richtung und stürzt.

Wer hinüber will, der fasst in den Blick
auf der anderen Seite das Ziel
und sorgfältig tastend Stück um Stück
erreicht er das, was er will.
Und der Weg wird um vieles verkürzt.

**21**

Das, was getan sein will,
ganz und gar tun.
Nur, was gewachsen ist,
lässt uns auch ruhn.
Das schwer Erreichbare
freudig getan.
Nur, wer sich Ziele setzt
schreitet voran.

**22**

In Trägheit verharren
die Zeit sich vertreiben,
welch lustloses Leben,
welch sinnloses Leiden!

Menschengeist ist lichtbegierig,
will bewegt, betätigt sein,
ewig streben, suchen, fragen,
jeden Tag erneut es wagen:
So dringt Licht ins Dunkel ein
und das Trübe, ist´s auch schwierig,
wird am Ende klar und rein.

**23**

Die Schuld beim Andern stets zu sehn,
führt zur Verzweiflung Tag für Tag.
Nur wer sich selbst verändern mag,
wird aufrecht vor sich selber stehn.

**24**

Ein Bergwerk voll kostbarer Steine
ist jeder Mensch.
Wer seinen Stollen treibt,
Schichten durchbricht,
tastend sich tiefer gräbt,
oft ohne Licht,
täglich ein wenig mehr
gründet und sucht,
einmal, da findet er
kostbare Frucht.

**25**

Erkenne Dich selbst
und Du findest im Kleinen
die Welt, die Dich hält.
Erforsche die Welt,
das Gesetz zu erfahren,
ohne das sie zerfällt.
Und dann tue das,
was Dich und die Welt
zusammenhält.

**26**

Um Erdenschwere zu entfliehn
aus Lebensquellen Kraft zu ziehn,
strebt Sehnsucht in die Welt des Traums,
um hier, im Licht des Seelenraums
von Mühsal frei voll aufzublühn.

Doch freudig dann zurückzukehrn
ist eine Kunst, die nur gelingt,
wenn man den Quell zur Erde bringt:
Denn dort entsteht nur Fruchtbarkeit,
wo aus dem Lebensquell der Zeit
ein Keim auf schweren Boden fällt,
sich mühevoll ins Dunkel quält,
erst wurzelt, Kraft saugt, dann nach oben bricht,
erneut hinauf zum Sonnenlicht.
Nicht, um vom Dunkel weg ins Licht zu fliehn:
Um Lebenslicht in Dunkelheit herab zu ziehn.

## 27

Aus ihrer Zwiebel sprosst die Tulpe reich,
hat rasch den Vorrat, der gespart, verzehrt,
erblüht, erschlafft und welkt dahin sogleich:
Zu Boden sinkt sie, von sich selbst beschwert.

Doch schau die Rose, wie sie Blatt um Blatt
geduldig bildet, wunderbar gezähnt,
sich Spross um Spross nach oben feiner macht
und schließlich in der Blütenkrone Pracht
sich farbig duftend in die Weite dehnt:
Wer so heranwächst, blüht sich niemals satt.

## 28

Rauschend erhebt sich
in ewigem Wechsel
Woge um Woge
und strömt auf den Strand.
Willst Du es fassen,
das Meer, willst es halten,
rinnt es unweigerlich
Dir aus der Hand.

Nur wer im Kleinen
auf festerem Boden
Meeres winziges
Spiegelbild schafft,
kann es begreifen
mit Augen und Händen
und Anteil nehmen
an größerer Kraft.

**29**

Es wird schon Licht,
am Horizont
erschafft sich neu die Welt
und wie aus Träumen
tritt hervor,
die Erde, die uns hält.

Wer so beschenkt
an jedem Tag
ins Sonnenlicht erwacht,
teilt gerne auch mit Späteren
die kaum erahnte Pracht.

**30**

Der wahrhaft Handelnde
kennt keine Hast.
Die Felswand,
die sich ihm in den Weg stellt,
sieht er ohne Ungeduld.
Prüfend ertastet sein Blick
jeden Vorsprung,
der ihm Halt geben kann.
Sein Auge erfasst
jedes Hindernis
auf dem Weg zum Ziel.
Und wenn er dann
den ersten Schritt tut,
geschieht es
mit der Sicherheit dessen,
der diesen Weg
schon hundertmal gegangen ist.

**31**

Das Wesen der Dinge
bleibt dem flüchtigen Blick verborgen.
Wer nur von außen schaut,
schaut vergebens.
Wer nur die Welt sucht,
wird sich selbst verlieren.
Willst Du wissen, wer Du bist,
so suche die Welt in Dir selbst.

**32**

Wachstum braucht Stille
und die Frucht, die reifen will,
schließt sich ab,
doch nicht um zu ruhn:
Um vorzubereiten den Keim,
der die Hülle durchbrechen wird
und weitergeben,
was in ihm entstanden ist.

**33**

Wer im Recht ist, kann schweigen,
denn die Wahrheit spricht für sich.
Der Starke kann nachgeben,
denn seine Kraft genügt sich selbst.
Wer den Ruhm verachtet
und den Sieg über den Anderen verschmäht,
über den haben die Dinge
und Menschen
keine Gewalt mehr.

**34**

Der Baum,
der dem Sturm zu trotzen versucht,
wird leicht gebrochen.
Im Winde beugt sich das Schilfrohr
tief zur Erde herab
und richtet sich auf,
wenn der Sturm nach lässt.
Der härteste Fels
wird bezwungen vom Wasser,
das liebend durchdringend
sich selbst bewahrt.

---

**35**

Ein kleiner, dünn belaubter Baum
kann wenig Schatten geben.
Wer vielen Schatten spenden will,
muss wachsen.
Wachsen aber heißt,
vieles aufnehmen,
um mehr geben zu können.

**36**

Der Schwache sucht beim Anderen
die Schwäche.
Der Starke bewundert
des Anderen Kraft.
Wo der Unzufriedene
Fehler sucht,
findet der Liebende
Gemeinsamkeit.

**38**

Was Du heute bist,
ist ein Geschenk.
Was Du morgen sein wirst,
ist das, was Du aus dem,
was Dir geschenkt worden ist,
gemacht hast.

**38**

Ein Pferd zu reiten
am lockeren Zaum
war einst, vor Zeiten
ein Menschheitstraum.

Doch die eigene Kraft erst,
gebändigt am Zügel,
macht den, der es schafft, frei,
gibt seinem Pferd Flügel.

**39**

Jeder Mensch hat die Wahl.
Er kann beklagen,
was ihm fehlt
oder er kann etwas tun,
um seine Lage zu verbessern.

Jeder entscheidet,
ob er Opfer
oder aktiv ist.

Wer seine Kraft nutzt,
um das, was in ihm steckt
zu entwickeln,
der vergeudet seine Zeit nicht mehr damit,
gebannt auf Andere zu starren.

**40**

Katzen sind gern freigelassen,
dulden weder Zwang noch Pein.
Willst Du sie mit Händen fassen,
musst Du sehr geduldig sein.
Nicht viel anders ist´s auf Erden:
Schenkst Du Achtung Groß und Klein,
wird sie Dir gegeben werden.
Katzen können Lehrer sein.

**41**

Ein Igel, der sich eingeigelt
wir oft von Autos platt gebügelt.
Und auch beim Sturz in einen Teich
hilft Stacheln zeigen nicht sogleich.
Mit feiner Nase, wachem Sinn
kommt leichter man zum Ziele hin.

# Alte und neue Wege

**42**

Naw Ruz - Frühlingsanfang

Dies ist der Tag,
an dem der Erde Atem neu beginnt
und aus dem Eis der Winterstarre
klares Wasser rinnt.
Der Panzer bricht,
der endlos lang das Blühen
unter sich begrub.

Jetzt ist die Zeit
die Tür zu öffnen und hinaus zu gehn,
das Licht zu trinken,
sich nach andren Menschen umzusehn.
Der Himmel wächst
und durch die Decke welken Laubs
sprießt neues Gras.

Der Tag ist da:
Was in den Knospen lang verborgen lag,

auf bessre Zeiten wartend,
hoffend auf den Neuen Tag,
bricht nun hervor
und schenkt sich öffnend an die Welt,
an diesem Tag.

**43**

Frieden wollen
und Frieden geben können
sind ganz verschiedene Dinge.

Wie viele wollen nur Befriedigung,
Frieden, der ihnen geschenkt wird,
und bleiben so ewig
unzufrieden.
Frieden ist aber nicht
Suche nach äußeren Dingen,
nicht der Kampf zur Herstellung
entsprechender Bedingungen.

Frieden ist
die Ruhe, die entsteht,
wenn man angefangen hat,

der eigenen Fülle gewahr zu werden.
Dann ist Frieden
in jedem Blatt,
das der Wind bewegt,
in jedem erkennenden Augenblick
und in jedem bewusst gewordenen
Atemzug.

**44**

Höre endlich auf zu suchen
und übe Dich
in Geistesgegenwart.

**45**

Ein langer Weg

Wir sind einen langen Weg gegangen
und es war ein Weg voller Angst.
Wie oft haben wir unser Ziel vergessen
und wie oft sind wir gestürzt,
weil wir aus Furcht getroffen zu werden
die Hände vor das Gesicht geschlagen haben.

Wir sind einen langen Weg gegangen
und es war ein Weg in Einsamkeit:
Wir haben uns als Opfer gesehen
und wir sind aus Furcht davor Täter geworden.
Wie oft haben wir angegriffen
im Versuch unsere eigene Unfähigkeit zu besiegen.

Wir sind einen langen Weg gegangen.
Warum sollten wir nicht diesen Weg
jetzt gemeinsam gehen?
Uns helfend statt uns fürchtend,
in Liebe statt in verzweifeltem Hass,
in Würde und gegenseitiger Achtung
und ohne den Hochmut dessen,
der aus Schwäche immer gewinnen muss.

**46**

Die Grenzen sprengen,
die wir und Andere
gezogen haben:
Durch Vorurteil,
Geringschätzung,
Gewohnheit.

Aufbrechen die Mauern,
die diesen engen Raum
vom Licht abschließen.

Das Ungedachte denken,
das Ungesehene sichtbar machen
und hörbar werden lassen die Töne,
die zur Heimat
die Seele aufsteigen lassen.

Nicht mehr zurücksinken,
sich abfinden,
verstummen!

Das ungeheure Geschenk
der Schöpfung
ausschöpfen.

Und würdig werden
des Rufes,
der von Taubheit
und Blindheit
befreit.

Den Funken entzünden,
der das Feuer entfacht.

**47**

Jetzt ist die Zeit zu lieben,
der Hass hat ausgelebt.
Es geht nicht mehr ums Siegen,
die Gegner, die uns blieben,
sind in uns selbst gewebt.

**48**

Menschheitsspuren

Dankbarkeit herrschte
in jener Zeit,
als die Menschen,
was die Natur ihnen gab
ernteten.
Noch war nichts
außer der eigenen Kraft
zwischen sie
und ihren Schöpfer
getreten.

---

Mit der Vermehrung des Viehs
drängte der Fetisch Besitz
sich in die Hände der Männer
und die sich ihm unterwarfen,
versklavten die ohne Besitz
und Raub begann sich zu lohnen.
Seitdem schienen Glück und Elend
nicht mehr abzuhängen
vom Zustand der Seele,
sondern vom Zugang zum Vieh.

Dann begann die Enteignung des Schöpfers:
Der Boden wurde Besitz
und damit ein neuer Graben,
der die Menschen trennte
gezogen.
Das Erbrecht auf Boden
teilte die Menschen
in Herren und Knechte.
Und das Land
gerann in Schatullen der Reichen
bis nichts mehr zu melken war

und die Menschen,
die man zum Vieh gemacht,
die alte Ordnung durchstießen.

Das Land wurde neu verteilt
und alles begann von vorne,
diesmal im Namen der Religion,
bis ein neuer Besitz
das Land in den Schatten
der Fabrikschlote stellte:
Die Lohnsklaverei war erfunden.
Zeit materiellen Aufschwungs
und menschlichen Niedergangs.
Kinderarbeit
legalisierter Mord an Seele und Leib
eine neue Abart des Besitzstrebens,
bis man entdeckte,
dass es besser war
für den Frieden im eigenen Lande,:
wenn man das Elend
kolonial exportierte.
Zeit
die Besitzgier auf Kontinente zu richten:

---

Zeit der großen Kriege.

1917: Ein Land gibt das große Versprechen
der Revolution
und verrät
im nächsten Atemzug
alle Hoffnung
auf eine bessere Welt.
Diesmal nach 70 Jahren schon
der Zusammenbruch.

Kurze Frist noch
für die Unersättlichen
Milliarden verschlingenden Milliardäre,
Devisenraubritter
im Spinnennetz der Geldmärkte.
Noch einmal den großen Schnitt
durch die Arterien der Menschheit!

Endzeit

Oder Zeit für einen Anfang
in Würde.

Ist der Mensch geboren
sein eigener Freund
oder Vernichter zu sein?

Ist es nicht Zeit
zurückzukehren
zur Dankbarkeit?

Damit der Mensch dem Menschen wird,
was er sich selbst zu sein
von jeher versprochen ist.

**49**

Warum kannst Du nicht lieben,
Du, Mensch,
auserwählt,
um glücklich zu sein.

Hat man Dir nicht Luft,
Wasser, Nahrung und Wärme gegeben,
damit Du gedeihen kannst?
Wurdest Du nicht beschenkt
mit allem, was Du brauchst
um über Dich selbst hinaus zu wachsen?
Ausgestattet
mit der Sehnsucht
nach Licht.

Warum dann kannst Du nicht lieben?
Sind Wir nicht aufgestanden
in jedem Jahrtausend,
eine ununterbrochene Kette
von Fackelträgern,
Licht zu bringen
in Deine Finsternis?

Warum kannst Du nicht sein,
wie Wir es für Dich wünschten?
Haben Wir Dir nicht gezeigt,
wie Du sein kannst?

Warum musst Du Deine Forderungen stellen,
Dir anmaßen
alles bestimmen zu wollen?
Wer gab Dir das Recht,
Dich selbst zum Maßstab zu machen?
Warum kannst Du nicht lieben
bedingungslos?

Du,
der Du nicht sein kannst,
was Du von Anderen verlangst,
hast Dich selbst zum Opfer gemacht
und bist Dein eigener Mörder geworden.

Schritt für Schritt
und Tag für Tag
hast Du zerstört,
wo Du hättest aufbauen können

---

aus eigener Kraft,
hast die Schuld gesucht
überall,
nur nicht bei Dir
und Dir dadurch
die letzte Kraft
zum Handeln geraubt.

Warum musstest Du die Welt formen
nach Deinem Zerrbild,
Jahr um Jahr,
bis die verkohlte Asche Deiner Gier
zum Himmel stieg
und die Sonne verbarg?

Hast Du alles vergessen,
was Dir gegeben wurde?
Hast Du die Erde vergessen,
die Dich nährt,
den Gott,
der Dich schuf
und alle die,
die Dir geben mussten,

um Dich am Leben zu halten?

Schau Dir an, was Du
aus dem gemacht hast,
was Dir geschenkt war:
Eine Wüste aus Stein,
ein Meer aus Unrat,
ein Gebirge aus Müll
und Luft, die zum Himmel stinkt.

Bist Du bereit,
jetzt zu sterben,
wo Du für Dich und Andere
die Gräber gegraben hast?
Warum zögerst Du?
Das ist es doch,
was Du gesucht hast:

Das Klirren des Geldes
auf dem Sarg,
den Du selbst Dir gezimmert.

Warum konntest Du
nicht barmherzig sein

---

und das, was Dir gegeben war,
mit Anderen teilen?
Warum konntest Du nicht
nachsichtig sein
und die Fehler der Anderen
wie Deine eigenen sehen?
Warum war es Dir unmöglich,
das Geschenk im Anderen
anzunehmen,
Dein Selbst und Deinen Ehrgeiz
vergessend?

Haben Wir Dir nicht vorgelebt,
was Leben bedeutet?
Sind Wir nicht durch Folter,
Tod und Verbannung gegangen,
um Dir die Augen zu öffnen,
den Blinden sehend zu machen
und dem Sehenden
das Zepter des Lebens
in die Hände zu legen,
damit Du sein konntest,
wozu Du bestimmt bist?

Warum hast Du alles verworfen
und Dich abgewandt
und Dich selbst
zum Mittelpunkt gemacht?
Musst Du warten,
bis es zu spät ist?

Warum glaubst Du,
hat Gott immer wieder Boten
zur Erde gesandt?
Auserwählte des Leids
und Abgesandte der Liebe,
die strahlenden Auges
ihren Qualen entgegen gingen?
Kannst Du nicht begreifen,
für wen Sie es taten?
Dass der Grund ihrer Freude
das Opfer war,
das Sie für Andere brachten.

Moses, der sein Volk
aus der Sklaverei führte
und das Gelobte Land nicht mehr sah.

---

Buddha, der Königssohn,
der Macht und Reichtum verließ
um den Pfad der Erleuchtung zu gehen.
Christus, der Sendbote der Liebe
und Vergebung, der seinem Verräter
die Wange zum Kuss bot.
Muhammad, der ein verderbtes Volk
den Weg der Ergebung in Gottes Willen lehrte.
Der Báb, der lebte und starb
um das Tor zu öffnen
für Bahá´u´lláh,
den Einiger der Menschheit,
den Herrn der Herrlichkeit,
auf den Sie alle verwiesen.

Sie alle haben gelebt,
damit Du aufwachen konntest.
Sie alle Spiegel
des göttlichen Lichts.

Was aber hast **Du** getan
und was von alldem wird bleiben,
wenn Du gehen musst?

Warum kannst Du nicht lieben
und warum kannst Du nicht glücklich sein?

Du hast geglaubt,
was Dir fremd war,
verbannen zu können.
Bald wirst Du erkennen,
dass Du den eigenen Fortschritt
von Dir gewiesen hast
und was Du getan hast
auf Deiner Reise
Dich immer begleiten wird.

**50**

Schmetterlingsweg

Blütenstaubflügel
aus Regenbogenlicht,
ein ganzes Leben
im Kokon
aus Seidenfäden
verschnürt,

den die Liebe nun sprengt.

Lebensluft trinkend
entfaltet Dein Fächer sich
und von den Strahlen der Sonne
durchwärmt
beginnst du zu leuchten.
Ein Wimpernschlag
und du schwingst dich empor:
Himmelwärts schwebend.

**51**

Sehnsucht nach einem sanften Gesicht,
dem Lächeln des Vertrauens,
nach Augen, die sehen
und verstehen.

Sehnsucht nach der Wärme einer Berührung,
Gehaltenwerden,
Versinken.
Eintauchen
in den Duft der Zärtlichkeit.

Sehnsucht zu halten,

zu tragen,

aufzufangen

und das Licht zurückzuschenken,

das die Sehnsucht entfacht.

**52**

Einmal doch muss es auch Frühling werden,

der die Knospen zum Platzen bringt

und den Blüten, die werden wollen,

die Antwort des Lichts schickt.

Einmal muss dieser Winter versiegen,

der jede Regung erfrieren lässt

und den lebendigen Atem

in Eiskristalle verwandelt.

Einmal doch ist diese Macht gebrochen

und was so lange bereit war,

bricht in die Wärme hinaus

um eins zu werden mit allem, was ist.

**53**

Ein erster Sonnenstrahl,
der die kahlen Äste zum Glühen bringt.
Ein Windhauch,
der den Atem der Bäume
herüberträgt.
Der erste
Amselgesang.

**54**

Geschenke

Die Wärme des Sonnenstrahls,
der Duft des Grases,
Vogelgesang,
ein Lächeln,
das erwidert wird.
Einatmen dürfen
und loslassen:
Geschenke des Augenblicks.
Die Schale Tee,
ein Händedruck,
eine Umarmung.

Im gleichen Rhythmus schwingen.
Das Gefühl zu fliegen
und gleichzeitig
fest auf der Erde zu stehen.
Gehen können,
laufen.
Musik hören
und mitsingen.
Gespräche:
Das Glück eines neuen Gedankens.

**55**

Der Getriebene
ist ewig ruhelos,
verzweifelt auf der Suche,
immer in Angst
zu spät zu kommen.
Seine Sehnsucht
kennt keinen Frieden,
kein freudiges Erwarten.
Weil er sich selbst meint,
bleiben seine Gedanken gebannt,
auf eine Erfüllung gerichtet,

die ihn niemals erreicht.
Statt zu strahlen
verschluckt er das Licht.

Der wahrhaft Handelnde
kennt keine Hast.
Seine Ruhe ist Bereitschaft,
seine Gelassenheit
die Fähigkeit im Augenblick zu sein,
lächelnde Gewissheit
die Kraft,
die aus der Mitte kommt.
Seine Gegenwart
gibt allem
die Bedeutung erkannt zu sein
und auch dem Staubkorn noch
seine Größe zurück.
Da er
aus dem Innersten handelt,
kann er das Unerwartete tun
und das Erstarrte
wieder in Bewegung bringen.
Er allein lebt.

**56**

Handle im Einklang
mit dem Großen Gesetz
und das ganze Weltall
wird sich verschwören
um Deine Schritte
zum Ziel zu führen.

**57**

Ein Gedanke
mit ganzem Herzen
und aus tiefer Einsicht
gedacht,
wird in vielen Seelen
Wurzeln schlagen
und, wenn die Zeit reif ist,
wie ein blühender Teppich
aus dem Wüstensand emporwachsen.

**58**

Liebe lässt wachsen,
sie fragt nicht nach Wasser,
denn sie ist das Wasser des Lebens.
Liebe zieht keine Zäune,
sie macht den Weg frei.

Liebe wartet nicht
auf Erfüllung
und lässt sich nicht
in Zwangsjacken stecken.

Liebe ist wie das Licht der Sonne,
das am Morgen
den Tau auf den Gräsern
in funkelnde Sterne verwandelt.

Liebe ist dankbar
und doch immer unterwegs
nach Neuem.

Liebe sucht auch im Schweigen
das Gespräch.
Unermüdlich

ist sie auf der Suche nach Schönheit,
die sie dadurch
hervorbringt.

Liebe ist das Geheimnis
der Schöpfung
und wer sie begreift,
kann nicht anders
als schöpferisch sein.

Liebe verwandelt
Dunkelheit in Licht,
Kälte in Wärme,
Verzweiflung in Hoffnung
und Hoffnung in Gewissheit.

Liebe ist der von der Sehnsucht
abgeschossene Pfeil,
der mit unaufhaltsamer Kraft sein Ziel findet.

---

**59**

Wenn Du wirklich glaubst,

bist Du eins mit der Welt

und der Kraft Deiner Bestimmung

und der Geist,

der alles erschaffen hat,

wird sich mit Deinem verbinden

und Berge versetzen.

Glauben heißt bereits

erfüllt sein.

**60**

Nur die Tat ist wahr,

die aus freiem Willen geschieht.

Nur der ist frei,

der sich selber gefunden hat.

Nur der vermag sich zu finden,

der sich selbst nicht mehr wichtig nimmt.

Wer seine Bestimmung erkennt

und dem göttlichen Willen zu dienen bereit ist,

über den haben die Dinge und Wünsche der Anderen

keine Gewalt mehr.

**61**

Ein Leben ohne Hoffnung
ist wie ein dürres Blatt,
das vor dem ersten Herbststurm
sich fallen lassen hat.

Ein Leben ohne Freude:
Aus Pflichterfüllung sein,
Kampf um nicht zu ertrinken,
das Herz ein schwerer Stein.

Ein Leben ohne Liebe,
die hinfließt und zurück,
das heißt sich selbst verraten,
mit jedem Tag ein Stück.

Ein Leben ohne Sehnsucht
nach dem, was höher ist,
ist nichts als Käferdasein
in andrer Tiere Mist.

Ein Leben ohne Wachstum:
Wem das gefallen mag,

---

der kann sich gleich begraben,
der braucht nicht neuen Tag.

**62**

Vom ersten Tag an werden wir gezogen
zu einem Licht, das über allem strahlt:
Ein jeder Schritt von dieser Sehnsucht ausgewogen
und während unsres Lebens einst bezahlt.

Wir fühlen einen Sog ins Unbekannte,
das magisch uns mit neuen Ufern lockt,
zu suchen, was noch keiner jemals kannte,
die Schönheit, die noch im Verborgnen hockt.

Es ist der Weg der eigensten Bestimmung,
die keiner vor uns je zum Ziel gehabt,
der Weg der innerseeligsten Besinnung,
die uns zutiefst mit ihrem Tranke labt.

In diesem Drange gleichen wir einander.
Ein jeder sucht für sich den Weg allein.
Doch erst, wenn wir gemeinsam miteinander
gezogen werden, lässt sich´s glücklich sein.

**63**

Die Kraft in sich zu spüren
und immer wieder
das Wissen
ein Teil zu sein
von jenem Großen,
das alles umschließt.

Teil haben zu dürfen
am ewigen Ereignis
zeitlos und raumlos
im Blitz der Erleuchtung
und in der Ruhe
lächelnder Ergebung.

Eintauchen zu dürfen
in das Geheimnis.
Ein Teil der Kraft,
die alles ist.

**64**

Nur demjenigen,
dem wir in uns selbst Raum geben,
sind wir ausgeliefert.

**65**

Im Augenblick der wirklichen Begegnung,
wenn, was wir stets gesucht, sich plötzlich zeigt
wie unverdiente, ausgereifte Segnung,
die schließlich doch sich uns entgegen neigt.

Im Augenblick, wenn wir nach langem Wandern
das Licht des Lebens in zwei Augen sehn,
die uns gehören und doch einem Andern:
Die Antwort auf so lang erprobtes Flehn.

Da wissen wir, die Heimat, die zerronnen
und uns verloren war, seitdem wir auf der Welt,
ist endlich wieder bei uns angekommen
als Glut, die uns jetzt in den Armen hält.

## 66

Wenn Schönheit einsam und verloren geht
im Zufallsmantel, flüchtig umgestreift,
was bleibt von ihr, wenn Zeit sie weggeweht,
die alte Haut Verfall entgegen reift.

Wie anders, wenn sie im Gewand der Güte,
als Licht der Liebe dir entgegenwächst
wie eine immer neu erschaffne Blüte,
zu deren Duft du dich nach oben reckst!

Wenn sie verwelkt und Blatt um Blatt verliert,
so bleibt ihr doch das Samenkorn erhalten,
aus dem sie stets von neuem Frucht gebiert,
dem Alter trotzend und der Zeit Gewalten.
Wer so sich stets von innen neu erschafft,
verliert niemals der Schönheit Anziehkraft.

**67**

Wir lassen uns nicht gern erziehen.
Erziehung hieß doch meist Entzug
und vor sich selber zu entfliehen
auf Ziele hin, die voller Trug.

Wie oft ist kaum noch was geblieben
von dem, der zu erziehen war.
Erziehung zerrte statt zu lieben,
zerriss die Wurzeln Haar um Haar.

Was jeder Mensch ist, war verschollen,
es galt zu werden fremdbestimmt
und niemand fragt nach Sein und Wollen
und was man gibt für was man nimmt.

Dann plötzlich hieß es keinen Zwang,
verpönt war ganz Autorität:
Ein jeder folge seinem Drang,
tu, was er mag von früh bis spät.

Von nun an galt die Sinnverwirrung,
man tat so ziemlich jeden Mist

und probte seelische Verirrung:
Im Zentrum stand der Egoist.

Das, was zu wollen sich nicht lohnt
und was den eignen Weg versperrt,
wo Leere und Verzweiflung wohnt,
ward selten so ans Licht gezerrt.

Was wäre, wenn nach den Extremen
das rechte Maß nun stünde an?
Der Wirklichkeit sich anbequemen,
was anfangs unbequem sein kann.

Als Gottes Ebenbild geboren
begegnet uns der Mensch als Kind
und dies darf niemals gehen verloren,
damit er seine Heimat find.

Nach ewig gültigem Gesetze
entfaltet sich der Seele Kern,
wirft Geistesstreben seine Netze,
um zu erkennen nah und fern.

---

Erziehen heißt entdecken lassen
und sachte leiten hin zum Sinn.
Aus eigner Kraft gilt´s zu erfassen,
wer, wie, warum, wozu, wohin.

Wer so begleitet wird zur Quelle,
dankt seinem Schöpfer Schöpferschaft.
In Dunkelheit dringt ein das Helle,
Erziehung wird Anziehungskraft.

Der Liebe Sog zieht ihn zum Lichte
und lässt ihn wachsen Tag um Tag;
Er formt sich selber zum Gedichte,
weil er nun will, was Jener mag.

**68**

Um das Geschenk geliebt zu werden
zu schätzen, braucht es nichts
als sich empfangend einzuerden,
sich leeren des Gewichts,
das deines Willens Zwangskorsett
dem Atmen auferlegt:
Solange du nicht gehen lässt,
wird nichts in dir bewegt.

**69**

Bevor die Sonne Lebensglut entfacht,
muss erst die Sehnsucht Stern zu werden
die Nebelteilchen tiefster blauer Nacht
spiralverdichtend ein sich erden.

Auch ein Gedanke, tausendfach gedacht,
in Tagen, Nächten einsam durchgewacht
und immer wieder bittend dargebracht
hat einer Sonne Selbsterschaffungsmacht.

Das All verstehen: Ist dies erst vollbracht,
dann kann Gedanke Wirkung werden

---

und sich verkörpern auf der Erden,
hell leuchten mit des Sonnenlichtes Pracht:
Wer dieser Liebe Glut entfacht,
empfängt auch andrer Sonnen Werden.

**70**

Die Liebe, die wir Andern geben,
ist nie vergeblich, ein Geschenk
der Dankbarkeit für unser Leben,
der großen Gnade eingedenk,
die uns geschah an jenem Tage,
als wie begannen unsre Bahn
und ohne Antwort, ohne Frage
das Licht des Lebens sahn.

Der erste Trank, der Durst uns stillte,
der erste liebevolle Blick,
die Wärme, die uns ganz erfüllte
mit der Umarmung Glück:
Es ist vergebens nicht gewesen:
Was wir geworden sind,
es kam von dort, wo wir gelesen
das größte Wort als Kind.

**71**

Für den, der Liebe nie erfahren,
ist´s schwer sie auszugeben,
doch wer versucht, sie zu ersparen,
wird sie niemals erleben.

Sie wächst nur an, wenn man sie gibt
und schenkt sich umso mehr zurück:
Je mehr man vorbehaltlos liebt,
gewährt sie Glück um Glück.

Wer dieses Licht nicht selbst entfacht
um Andere zu wärmen,
versenkt sich selbst in finstre Nacht
und wird vergeblich schwärmen:
So sehr er auch verzweifelt sucht,
er hat sein eignes Glück verflucht.

**72**

Die Schönheit in uns selbst zu finden,
den Punkt, der uns mit Gott vereint,
der uns als Schöpfer gut gemeint
und dem in Treue sich zu binden,
nicht mehr zu sein der eigne Feind:

Dies ist der Grund, von dem sich dann
der Wunsch erkannt zu werden hebt,
damit dies Wissen weiterlebt
und Lebensfrüchte tragen kann,
die Sehnsucht, die nach außen strebt:

Zu finden unser Gegenbild,
das Antwort auf die Frage ist,
auf das, was wir so sehr vermisst,
Geschenk der Gnade, sanft und mild,
an dem sich Selbsterkenntnis misst:

Die Augen, die den Spiegel bilden
für unser Suchen und Bemühn,
wo Trost und Anteilnahme blühn,
das Glück aus heiteren Gefilden,

vor dem Vergeblichkeiten fliehn:

Dies ist der Weg, das Hier und Jetzt
bis auf den Grund zu trinken,
im Ganzsein zu versinken.
Wer damit sich die Lippen netzt,
dem kann Erfüllung winken.

**73**

Sie leben ihre selbstbezognen Leben
in Flaschen eingeschlossen, vakuumgefüllt,
kaum dass sie mit der Nase an dem Glase kleben:
Wie Föten, die in ihrer blassen Blase schweben,
von ihrem eignen Dunste ganz umhüllt.

Wann endlich wollt ihr wohl geboren werden
und freien Blickes in die Weite sehn?
Ihr tut, als wolltest ihr verloren werden,
bevor geboren wieder Erde werden,
als würdet ihr euch selber nicht verstehn.

**74**

Abschied von alten Feindbildern:

Denn keines Menschen Denken

ist:

Rechts oder links,

richtig oder falsch:

Das ewige Entweder-Oder

endet von jeher

im Weder-Noch.

Die Wirklichkeit ist mehr

als parteiliches Denken sich vorstellen kann.

Und in jeder noch so beschränkten Idee

steckt ein Funke von Wahrheit,

den es zu finden gilt,

will man nicht weiter

wechselseitig

mit Schrotflinten auf einzelne Fruchtfliegen schießen,

statt die Früchte zu retten

und gemeinsam zu kosten.

**75**

In jedem Menschen lebt ein Wille,
ein Wunsch ganz hoch zu fliegen:
Wir stehen auf und lernen gehen,
um über uns zu siegen.

Sobald der Blick, die Hände frei,
drängt es uns zu verstehen;
Wir wollen tiefer in dem sein,
was wir von außen sehen.

Wo wir verstanden und gefühlt,
da wollen wir auch handeln,
um das, was uns ergriffen hat
und auch uns selbst zu wandeln.

Mit allem, was wir denken, tun,
wonach wir ahnend streben,
erobern wir uns Schritt für Schritt,
den eignen Platz im Leben.

Den Ort, an dem sich nutzen lässt,
was wir erreicht bisher,

um das, was wir gewonnen schon
zu teilen und noch mehr.

Und wenn die Liebe Anteil hat,
dann wird es an nichts fehlen:
In Dankbarkeit dem, der uns schuf
begegnen sich die Seelen.

**76**

Verschlossen laufen sie allein durchs Leben,
blind an der Quelle, die sie tränken will:
Sie kennen nur ihr selbstbeschränktes Streben
und können nichts empfangen und nichts geben.
Sie reden dauern, werden niemals still.

Unfähig still zu lauschen auf das Wasser,
das ihrem Leben Wachstum geben kann,
verdorren sie und werden immer blasser,
verweigern sich aus Angst, sie würden nasser
und bleiben tot und stehen ihren Mann.

Wie gut es täte, weiblicher zu werden,
empfangen können, völlig offen sein,

den Keim zu pflanzen in der eignen Erden
und Frucht zu treiben, endlich dankbar werden
und aufzublühen, nun nicht mehr allein.

**77**

Fado

Wasser der glasklaren Quellen, ihr Bäche in Wellen
strömt weiter zum Meer.
Wasser des Lebens, es rinnt wie ein Duft, der im Winde
davon weht zum Meer.

Flüsse, ihr fließt in das Meer,
ewigen Seins Wiederkehr.

Wasser, du bist wie die Tränen der Menschen, die sehnen
sich nach kleinem Glück.
Wasser des Leides, das geht, jeden Tag neu entsteht
und kommt stets zurück.

Flüsse, ihr fließt in das Meer,
ewigen Seins Wiederkehr.

---

Wasser, Geschenk um zu leben, dein ewiges Streben,
es tränkt Arm und Reich.
Wasser für alle, es eilt, dass es werde verteilt
an uns alle zugleich.

Flüsse, ihr fließt in das Meer,
ewigen Seins Wiederkehr.

Wasser für alle, es eilt, dass es werde verteilt
an uns alle zugleich.

**78**

Hölderlin gedenkend

Gießet, Freunde, nur stets und wässert mit Achtsamkeit
zärtlich sorgend, woraus die Pflanze der Liebe wächst,
dass sie strahlend erblühe,
ihren Duft in die Weite zu streun.

Denn wenn ihr vergesst, wie täglich der Mutter Brust
überquellend euch gab, Durst zu stillen, den Trank,
fraglos dankbar verströmend -
wird auch euch versiegen der Quell.

**79**

Glaubenszwang

Wie schwer es ist, dem Feuer zu vertrauen,
mit dem man uns die Finger weggebrannt
und jemals wieder Hoffnung aufzubauen
auf das, was wir als schmerzhaft nur gekannt.

Dann lieber frieren, Kältestarre leiden
als diese stechend mörderische Qual,
die unsre Wärmesehnsucht lehrte meiden
das düstre Fegefeuertribunal.

Doch keine noch so schreckliche Erfahrung
mit dem, was Feuer blind zerstören kann,
lässt uns vergessen, wie mit warmer Nahrung
und Licht das Leben glücklich einst begann.
So suchen wir auf´s Neue dort nach Paarung,
wo Wärme, Licht zur Liebe uns gerann.

**80**

All unser Glauben wächst aus Wissen
von dem, was uns Erfahrung lehrt.
Was wir aus Einsicht glauben müssen,
ist ganz allein für uns von Wert.

Das Wissen ändert sich beizeiten,
indem es runderweitert wird,
um neue Wege zu bereiten,
wo man auf alten Wegen irrt.

Doch all das Wissen, das wir fassen,
ist immer Bruchteil nur der Welt.
Das Ganze wird sich ahnen lassen
als das, was sie zusammenhält.

Deshalb heißt Glauben stetes Ringen
um das, was noch nicht Wissen ist,
heißt Dunkel, Leere zu durchdringen,
Erleuchtung suchen, wo du bist.

Ein solches Mühen kann nur walten,
wenn es aus inn´rer Lust geschieht,

wenn selber wir die Lampe halten
und niemand uns als Sklave zieht.

Denn Glauben ist entscheiden müssen,
heißt niemals leerer Worte Klang
zu plappern wider eignes Wissen,
uns zu entmündigen und Zwang.

Und alles, was wir glauben sollen,
unwissend, blind und fremdbestimmt,
zerstört das eigne Glaubenwollen,
indem es uns die Sehnsucht nimmt.

---

**81**

Zu dichten heißt Gemeinsames zu finden,
in dem, was blindem Auge feindlich scheint,
aus Vielfalt einen Einheitsstrauß zu binden
im Geist der Schöpfung, die Entwicklung meint.

Ein solches Üben ist niemals vergebens,
weil im Vereinen schon Belohnung wohnt
und das Verfolgen dieses edlen Strebens
uns mit Erfüllungsfrieden stets belohnt.

Wer Dichten übt, lernt Leben zu vereinen,
dass aus Getrenntem Neues wachsen kann
und dieses wirkt im Großen wie im Kleinen:
Verlorenes gerät in Liebesbann.

# Suchen und Finden

**82**

Der Adler

Hoch im uferlos blauenden Raum
schwimmt er dahin auf der Woge des Windes,
unter ihm tief ruhen still wie ein Traum
Häuser und Felder wie Werk eines Kindes.

Hügel und Wälder breiten sich hin
vor der schweigenden Kraft seiner Schwingen,
lauschend und angespannt ist jeder Sinn
und bereit ihn zur Erde zu bringen.

Plötzlich stößt er herab wie geschleuderter Speer
und im rauschenden Sturz schlägt er zu:
Sein Griff hat gefasst und er blickt um sich her
und die Welt kommt im Innern zur Ruh.

**83**

Ich wünsche Dir auf allen Wegen,
dass Dich das Licht begleitet:
Gerechtigkeit und Gottes Segen,
der Dir die Zukunft weitet.

Die innre Kraft, die hast Du schon,
wo Du auch stehst zu handeln,
mehr als ich je erhofft, mein Sohn,
zur Helligkeit zu wandeln.

Zwei Steine geb ich Dir nun mit.
Sie sollen Licht Dir schenken
und auf die Erde Schritt um Schritt
den Glanz der Sonne lenken.

Der eine ist aus jenem Land,
in das Dich Flügel tragen,
aus roter Erde hergesandt
wie Antwort auf Dein Fragen.

Der andre ist ein Zwillingstein
und nennt sich Falkenauge.

Er soll Dir helfen Du zu sein,
weil er zum Scharfblick tauge.

Sie beide tragen Sonnenglanz
vermischt mit Erdenfarben.
So mache auch Dein Leben ganz
und ernte dann die Garben.

**84**

Aus jener Welt herabgekommen
ist das, was Menschen liebend eint.
Wer daran Anteil je genommen,
erkennt, ob es von dort her scheint.

Wer nur den Anschein zu erwecken
versucht, er wird meist doch entdeckt,
mag er sich auch im Glanz verstecken,
weil kaltes Licht nicht Liebe weckt.

Wie viele suchen uns zu blenden
mit schönen Masken, hohl und leer,
statt ihre Leere abzuwenden,
was anfangs mühsam ist und schwer.

---

Den Sucher lerne unterscheiden
von dem, der einen Finder spielt:
Wer Licht sieht, muss sich nicht verkleiden
wie der, der fremdes Feuer stiehlt.

Den Heuchler wirst Du leicht erkennen
daran, dass er sich selber meint
und statt in Demut still zu brennen
in Hoch- und Übermut versteint.

Er glaubt sich besser, sich belügend,
spielt sich als Lehrer auf, der weiß
und, sich und andere betrügend,
täuscht vor um seines Lernens Preis.

Wenn Du ein Sucher bist, so strebe
dem Lichte zu, das Dich erhellt,
bleib in Bewegung, dankbar, lebe
und wandle tätig Deine Welt.

Dein Ziel sei nicht ein andres Leben,
Dein Wohlergehensparadies,

Dein Ziel sei, Anderen zu geben,
die Egoismus von sich stieß.

Doch hüte dabei stets die Flamme,
die Wärme schenkt und Freude ist,
lass Andre drohen und verdamme
das Andre nicht, sofern Du bist.

**85**

Das , was Dich quält, weil es Dir fehlt,
Du suchst es immer außer Dir.
So oft sich Tag um Tag abschält,
gerätst Du nie ins Jetzt und Hier.

Du lernst zu klagen, Dich zu plagen,
verlierst dabei Dein Gleichgewicht;
Doch eines lernst Du nicht: Zu tragen
Dich selbst und jenes Innenlicht.

Du kannst nicht leuchten, strahlen, brennen
und Andren schenken Deine Kraft,
musst ständig hinter dem herrennen,
was Deine Stärke von Dir rafft.

So lerne finden, überwinden
Dich selbst in Dir und zu Dir hin!
Lern Deine Leuchtkraft zu entbinden,
Dein wahres Ich und Deinen Sinn.

**86**

Ratschlag für Arbeitsgruppen

Wenn ihr die Welt verbessern wollt,
fangt bei euch selber an.
Seht zu, dass euer täglich Tun
ein Baustein werden kann.

Denn wie ihr baut und wie ihr seid
auf eurem Weg zum Ziel,
entscheidet, ob ihr es einmal
erreicht und auch wie viel.

Könnt ihr im Umgang liebevoll
und voll Verständnis sein?
Nicht widerlegen, selbstgerecht!
Es hilft: Zuhörer sein.

Wenn ihr was sagt, so fasst euch kurz
und wiederholt euch nicht.
Ein gutes Argument ist auch
mit wenig Worten dicht.

Wer dauernd redet, frage sich,
was im am Herzen liegt:
Die Sache oder, dass er stets
über die Andern siegt.

Was diese sagen, nehme man
als seine Chance wahr
zu lernen, was man noch nicht weiß:
So wird die Aussicht klar.

Die Fehler Andrer suche nur,
wer selber keine hat.
Wer selber nicht vollkommen ist,
der suche fremden Rat.

Wenn eine Kette wirksam ist,
sind alle Teile stark.

---

Wer zulässt, dass ein Glied zerbricht,
baut allen einen Sarg.

Ob Liebe herrscht, erkennt man leicht
daran, wie Menschen schauen,
das Ausmaß an Ermutigung
daran, wie viel sich trauen.

**87**

Das Richtige tun, im Einklang zu sein
mit dem, was Wachstum entfaltet
und sei der Beitrag auch noch so klein:
Solange nur Ganzheitssinn waltet.

Natürlich ist´s schwer von Einfalt umstellt
das Ganze im Sinn zu behalten,
nicht selber dem Beispiel zerrissener Welt
zu folgen und Einheit zu spalten.

Doch wenn Du begreifst: Solange Du Dich
für gemeinsames Wachstum entscheidest,
zwingt Dich kein noch so entfremdetes Ich,
dass Du sinnlos vergeudest und leidest.

Solange Du nur dem großen Gebot
der Schöpfung den Weg mit bereitest,
bringt Dich kein Angriff je aus dem Lot
und macht, dass Du selbst Dich zerstreitest.

Der Weg ist stets da für jeden, der mag,
die Kraft ist bereit Dich zu füllen.
Du öffnest Dich ihr und lässt neuen Tag
in Dich ein, all Dein Tun zu umhüllen.

**88**

Lob der Langsamkeit

Langsam wächst der Keim im Mutterleibe.
Alles Wahre braucht so seine Zeit.
Wer das Große sucht, muss warten können,
denn es kommt erst, wenn es auch bereit.

Lange braucht es, bis aus viel Erfahrung
endlich eine echte Einsicht sprießt.
Viele Male proben wir die Paarung,
ohne doch zu wissen, ob es fließt.

Langsam wächst Erfüllung aus der Stille.
Aus der Ruhe kommt die größte Kraft.
Im Verborgnen wirkt der stärkste Wille,
der das unerwartet Ganze schafft.

In Gedanken wird die Tat bereitet,
die dann wie von selber fast geschieht:
Wissen, das in neue Welten schreitet
und schon ahnt, was sonst noch keiner sieht.

**89**

Liebe ist nicht Schwanken der Gefühle,
ist kein Betrunkner, dem das Gleichgewicht
mit jedem Windhauch, jedem Reizgewühle
abhanden kommt, bis er sich selbst erbricht.

Sie ist ganz klar und einfach und gewiss
und unverrückbar, aller Zweifel bloß.
Sie schließt von selber jeden kleinsten Riss,
umarmt und strahlt und öffnet ihren Schoß.

Sie stößt nicht weg, verachtet nicht und hasst
und sucht nicht Fehler egozentrisch blind.
Sie trennt nicht, sondern sie umfasst
und nimmt das Fremde auf als wär´s ihr Kind.

Sie macht nichts kleiner und schon gar nichts schlecht.
In ihrem Auge fühlt sich jeder groß.
So wie Du bist, so bist Du ihr ganz recht
und wenn Du gehst, lässt sie Dich zärtlich los.

So lerne lieben, wenn Du sie vermisst!
Erkenne Dich und übe Deine Kraft

---

und finde raus, wozu Du fähig bist
als Mensch, der andern Menschen Heimat schafft.

**90**

Wer liebt, versucht nicht einzuzwängen,
er hackt nicht rum und Flügel ab.
Er wird nicht drücken, pressen, drängen
und bricht nicht egozentrisch Stab.

Er weiß doch, dass zum Flug der Liebe
Entfaltungsfreiheit wehen muss:
Was ohne sie von Liebe bliebe,
ist faules Wasser ohne Fluss.

Willst Du die Liebe, lerne achten,
dass Wurzelwachstum nur gedeiht,
wo Kräfte Boden locker machten:
Wer Liebe will, gibt Blüten Zeit.

**91**

Wer seine Lieb verrät,
verrät dabei auch sich.
Was bleibt dann noch, das steht,
wenn aller Halt entwich?

Wie willst Du jemals wieder
Dir in die Augen sehen,
wenn Deine Träume nieder-
getreten leblos gehen?

Was bleibt Dir, wenn Vertrauen
aus allen Blicken flieht?
Was willst Du dann noch bauen,
wenn sie Dich nicht mehr sieht?

**92**

In jedem Menschen ist ein Kern,
der unzerstörbar ist,
den niemand je erreichen kann
mit Zwang, Druck oder List.

Nach höchstem Willen ist er da
als Kraft frei zu entscheiden,
zu wachsen und zu lieben und
zu enden alle Leiden.

Nur Du allein hast auch die Macht
ihn sträflich zu missachten
und seelisch langsam einzugehn
durch das, was Andre machten.

Nur eine Kraft auf dieser Welt
kann zärtlich ihn berühren:
Nur der, der liebt, kann seine Macht
aus nächster Nähe spüren.

So wirf die Angst vor Nähe ab:
Man kann Dir das nicht rauben,

was Du nur selbst verschenken kannst:
Die Liebe und den Glauben.

**93**

Die Mitte finden

Ausgeworfen aus dem Zentrum,
abgetrieben ohne Wahl,
von der Trennung schmerzgezeichnet
irren wir von Saal zu Saal.

Was wir suchen, ist vergangen,
früh verloren, endlos weit.
Was geblieben: Wilde Sehnsucht
nach der Hand, die uns befreit.

Doch grad diese will nicht kommen,
weil wir nicht mehr Säugling sind.
Selbst sich an die Hand zu nehmen:
Vater, Mutter, selber: Kind!

Ganz allein die Mitte finden,
weil Dich niemand dabei führt:
Das Zerstrebte einzubinden,

das zu tun, was ihm gebührt:

Hier ist das Zentrum des Lebens.
Alles kommt in mir zur Ruh.
Nichts mehr bleibt hilflos vergebens.
Alles wächst reifend mir zu.

Wirbelsturmtrichterbewegung
drängt in die Mitte mit Macht,
hin zu dem Ort ohne Regung:
Hier wird das Wahre vollbracht.

Hier ist die Nabe der Kräfte,
hier entsteht neu Energie.
Stille gebiert neue Säfte,
Liebe schafft Jetzt aus dem Nie.

Alles, was lang sich gemieden
findet und bannt sich in eins.
Umarmung umhüllt endlich Frieden.
Alles wird Deins und wird meins.

Hier ist der Raum aller Räume,
offen für alle zugleich,

Heimat und Ziel aller Träume:

Leer und doch unendlich reich.

**94**

Palmengarten

Im milden Herbstlicht liegt der See
unter bewölktem Blau.
Rings stehen Bäume aufgetürmt,
ein Wind geht leicht und lau.

Von Felsenwand stürzt Wasserschwall
kaskadenweiß geteilt,
rauscht über Felsen, Fall um Fall,
Bewegung, die verweilt.

Die Bäume lassen Schatten tief
in grüne Flut hinab.
Lichtwellen spielen Wellenspiel
und schwanken auf und ab.

Auf totem Holz wie Pilzbewuchs
Schildkröten flach und grau,

zwei Hälse hochgereckt, gestreift,
die Panzer glatt und rauh.

Ein Karpfen goldbeschuppt im Sprung:
Zwei Schwäne schauen zu,
wie er schwanzabwärts untertaucht.
Das Wasser kommt zur Ruh.

**95**

Der Sommer atmet still den Abend aus
und Kühle senkt sich auf den Palmengarten.
Wildgänse wassern Füße schräg voraus,
die Karpfen schlucken Luft und zeigen Barten.

Im Hintergrund, wo Sturzbach niederfällt,
zwei schwarze Schwäne ihre Hälse neigen
und abendtrunken ihrer Wasserwelt
hingleitend schenken einen sanften Reigen.

Wir stehen da und lassen dieses Bild
hinein und unsre Seele damit füllen,
weil etwas davon tiefe Sehnsucht stillt,
um uns dann ganz in Frieden einzuhüllen.

**96**

Blick auf die Seenlandschaft von Hluboka

Der See liegt still und spiegelt
des Himmelslichtes Glanz.
Noch ist der Tag versiegelt,
noch schweigt das Leben ganz.

In Bäume eingebettet,
von Wiesen leicht umsäumt
ruht seines Wassers Fläche
im Dämmer noch und träumt.

Hoch auf des Berges Woge
hält weiß die Burg die Wacht
und hebt sich aus dem Dunkel,
denn langsam weicht die Nacht.

Das erste Licht des Tages
durchbricht den Hügelrand
und tränkt mit seinen Strahlen
das ganze weite Land.

Ich stehe hier und schaue
von luftigem Balkon
und durch des Morgens Stille
steigt auf ein Amselton.

**97**

Der Schneeleopard

Da liegst du nun und wartest auf den Abend,
an dem dein Lebensgeist dich wieder weckt
mit frischer Luft, erregend neu und labend:
Bis das geschieht, hältst du dich gut versteckt.

Du liegst und träumst mit halb geschlossnen Augen
von einer Nacht, in der die Stille weicht
und alle deine Sinne Nahrung saugen,
in der dein Gang geschmeidig wird und leicht.

Bis das geschieht, lässt du die Stunden rinnen
nach Katzenart entspannt, doch stets bereit
mit einem Sprung den Weg neu zu beginnen,
wohin er dich auch führen mag zur Zeit.

**98**

Hingabe ist niemals vergebens,
das Größte, was Du geben kannst,
ein Zeichen unbedingten Strebens,
mit dem Du ganz wirst und umspannst.

Wer ganz vertraut und alles gibt
und freudig seine Mauern schleift,
weil er bedingungslos nun liebt,
verdient es, dass man ihn begreift.

Nur wer ihr gleich begegnen kann,
soll sich ihr nähern und begehren,
denn nur, wer zu verstehn begann,
kann diese Kraft auch würdig ehren.

Wer stark ist, kann einmal verzeihen,
dem, der noch nicht begriffen hat,
wenn nicht das Wissen zu entweihen,
Missachtung trieb zu jener Tat.

Doch hüte Dich ein zweites Mal
dieses Geschenk gering zu schätzen!

---

Ein zweites Mal wird aus dem Tal
Verzweiflung niemand Dich versetzen.

**99**

Das Schöne muss nicht gut sein,
doch ist das Gute schön.
Wir sind nur oft geblendet
so dass wir es nicht sehn.

Das, was uns einst mit Güte
begegnete als Kind,
bleibt uns als Bild für Schönheit
egal wie alt wir sind.

So lang wir´s außen suchen,
verfehlen wir es leicht.
Erst wenn wir Güte finden,
hat Schönheit uns erreicht.

**100**

Ein jeder Mensch geht seinen Weg alleine
dem Ziele nach, das ihm die Richtung gibt.
Wenn er ihm folgt, kommt er mit sich ins Reine
so sehr er Schritt um Schritt sich vorwärts liebt.

Gelingt ihm dies, wird er Gefährten finden,
die seine Freude auf dem Wege lockt
und die bereit sind wärmend sich zu binden,
weil man gemeinsam leichter geht und hockt.

Gemeinsamkeit kommt meistens von der Freude,
die man auf seinem Wege gerne teilt.
Wird sie zum Zwang, zerstört sie das Gebäude,
das beide unter sich begräbt, verkeilt.

Wer klug ist, lässt sich darum nicht behindern
und wartet nicht, dass ihn ein Wunder trifft.
So lang er geht, wird er die Schmerzen lindern:
Bewegung heilt so des Alleinseins Gift.

## 101

Gespräche

Wir sitzen Aug in Aug uns gegenüber,
ganz ungeschützt und lassen es geschehn,
wie unsrer Kinderträume neue Brüder
wie alte Freunde zueinander gehen.

Wir lassen sie in neue Räume schreiten,
in denen lockend nie Geschautes liegt
und sehen zu wie sich die Blicke weiten,
wo es so vieles zu entdecken gibt.

So möchte ich mit Dir den Tag beginnen,
am Frühstückstisch bei einer Tasse Tee,
mit jeder Stunde neues Land gewinnen,
gemeinsam über unbekannte See.

**102**

Jasmin

Du Duft der Düfte, frühlingsmild,
zart wie Dein Blütenstern,
des Abendwindes Traumgebild,
so nah und doch so fern.

Dein süßer Hauch, geahnt noch kaum,
nimmt er mir doch den Sinn;
Wie ein uralter Kindertraum
zieht er mich zu Dir hin.

All mein Verlangen, Sehnsuchtsqual
sucht atmend Deine Spur,
von Dir zu trinken doch einmal,
zu finden Dich, Natur.

**103**

Gedichte schreiben nur für sich
hilft die Gedanken lenken
vom Schmerze weg und weg vom Ich,
hilft neue Wege denken.

Wo Leere ist, die Fülle sehn
und Kräfte neu beleben,
die oft im Alltag untergehn,
von Neuem Mut sich geben.

Doch eigentlich schreib ich für Dich,
die unbekannte Liebe,
mit Dir zu teilen das, was mich
Dir mitzuteilen triebe.

**104**

Wann wach ich auf und seh in Dein Gesicht
und Tage vor uns, ganze Ewigkeiten?
Du schlägst die Augen auf und rührst Dich nicht
und lässt mich ganz in ihre Tiefen gleiten.

Du breitest Deines Körpers Landschaft aus
wie weichen Schwung toskanischer Gefilde.
Ich wandre hügelwärts bis an Dein Haus
und mache Rast in seines Schattens Milde.

Aus Deiner Brunnen Tiefe quillt´s hervor,
stillt meinen Durst mit Deinen nassen Gaben.
Nun wogen wir wie Korn im Wind empor
und sinken tief um tiefer nur zu graben.

Da springt ein Sturm mit wilden Böen heran
und schleudert rasend Regen in die Erde:
Die saugt sich voll und nimmt so viel sie kann
und trinkt sich satt mit seliger Gebärde.

**105**

Wir suchen nach dem magischen Moment,
zu dem sich alles in uns drängt,
den Augenblick, in dem man sich erkennt,
an den man seine Träume hängt.

In diesem Punkt ist alles selbstverständlich,
weil beide wissen, nun ist es erfüllt
und dieses Leben ist nun nicht mehr endlich,
weil dieser Blick in Ewigkeit uns hüllt.

Warum bist Du so lange fort gewesen?
So sehr Du fehltest, bist Du plötzlich da:
Und endlich können wir die Zeichen lesen
und wissen doch nicht wie es uns geschah.

Wir können nicht mehr voneinander lassen
und alles fließt nun aufeinander zu.
Wir wollen tiefer ständig uns umfassen
und finden doch im Andern unsre Ruh.

**106**

Ich schreibe Deinen Namen
auf jedes neue Blatt
als Überschrift und Rahmen
für das, was Dauer hat.

Die Stärke zu verstehen
auch das, was anders ist,
den Weg gemeinsam gehen
auch wenn er Kräfte frisst.

Den Mut sich zu vertrauen,
die Kraft, sich treu zu sein,
Verlässlichkeit zu bauen
tagein, tagaus, tagein.

Gelassenheit zu zeigen
aus Liebessicherheit,
humorvoll abzusteigen
vom Pferd, das streitbereit.

In Demut sich zu finden
und voller Dankbarkeit,

sich zärtlich zu verbinden,
die Arme offen weit.

Nie wieder fürchten müssen
Verletzung und Verrat,
sich liebevoll zu küssen
und noch ganz andre Tat.

So seh ich unsre Tage
vor uns in frischer Luft:
Wenn einer mal verzage,
dass ihn der Andre ruft.

# Irrwege

**107**

Wie viele Menschen haben nur gelernt
verletzt zu sein und Andre zu verletzen
und dabei immer weiter sich entfernt
vom Glück und sich verstrickt in ihren Netzen.

Sie drehen unablässig sich im Kreise,
in dessen Mitte stets ihr Selbst regiert
und spielen so auf immer gleiche Weise
den eignen Tod durch, der nur Tod gebiert.

Sie sind Besessne, die nach Art der Narren
Sanduhren drehen bis kein Sand mehr fällt
und dabei blindlings, dumpf ins Leere starren,
denn dieses Ich ist ihre Welt.

So leiden sie auf´s Neue stets vergeblich
und fürchten Hilfe selbst wie neues Leid.
Was ihnen nützt, bleibt völlig unerheblich,
so lange sie vom Selbst sich nicht befreit.

**108**

Sie haben alles, doch sie wissen nichts zu schätzen.
Sie ahnen nicht wie gut es ihnen geht.
Doch was sie haben, kann nicht das, was fehlt ersetzen,
weil ihnen Sinn nicht zur Verfügung steht.

Sie hetzen weiter nach Besitz so schnell sie können,
wie Ratten gierig auf der Jagd nach mehr
und tun, als ob sie so das Rennen je gewönnen
und bleiben innen dabei hohl und leer.

Sie sind Getriebne, Sklaven ihrer eignen Zwänge,
die sie geschaffen voller Größenwahn,
doch in der Brust wächst immer mehr die Enge:
Sie kommen so doch niemals bei sich an.

**109**

Kriege sind aus Angst gemacht,
aus hilflos dummer Wut.
Wer sich nicht selbst vertrauen kann,
vergießt leicht fremdes Blut.

Viel leichter ist es destruktiv
als schöpferisch zu sein.
Doch wer zerstört, statt aufzubaun,
bleibt angsterfüllt und klein.

Wer sich misstraut, nur Schwäche fühlt,
muss Stärke demonstrieren;
Statt selbst zu wachsen braucht er Sieg,
dass Andere verlieren.

Solange Menschen ohne Mut
und Selbstvertrauen sind,
wächst Aggression und Hass und Wut
und Männer bleiben Kind.

**110**

Wer Menschen braucht um Krieg zu führen,
nutzt sie als nützliche Idioten,
baut ihnen Feinde, bös und wild
drückt ihnen Waffen in die Pfoten,
malt *Ruhm* und *Ehre* auf ihr Schild
und lässt sie so zu Helden küren.

Und jene, brust- und zorngeschwellt,
von ihren Zweifeln jäh befreit,
gefüllt mit höherer Bedeutung,
sind blind zu jeder Tat bereit
zum Preis der Selbstenthäutung
und tragen Terror in die Welt.

## 111

Prominenz

Sie lassen sich die Brüste operieren,
egal, ob sie nun klein sind oder nicht,
denn so lässt sich Karriere generieren,
dafür braucht Brust ein Mindestgrapschgewicht.

Wer Show spieln will, muss erst mal Fett absaugen,
am besten auch den Rest von Hirn noch mit.
Die Leere im Gesicht und in den Augen
macht erst den Menschen wirklich medienfit.

Wer denken lässt, lässt auch gern tätowieren
und pierct sich Nase, Warze, Penis, Scham.
So kann man seinesgleichen schnell verführen
und muss nicht warten, bis Gedanke kam.

Die Dummheit wird zur allergeilsten Ware,
die nichts mehr an der Selbstentblößung hemmt.
So flutscht man von Geburt bis hin zur Bahre
von Skrupeln unbehelligt, unverklemmt.

---

Wer Star sein will, greift nicht mehr nach den Sternen,
viel näher sind BH und Hosenschlitz.
Man muss sich nicht vom Tiersein mehr entfernen.
Wer prominent ist, treibt´s im Fotoblitz.

Der Sinn des Wortes hat sich neu durchblutet:
Wer prominent war, ragte früher raus.
Heut hängt was raus, doch tiefer als vermutet,
das reicht zum Medienwirksamsein schon aus.

**112**

Ein Virus hat die Welt befallen,
ansteckend wie die Pest,
es hält die Menschen in den Krallen,
saugt ihnen aus den Rest
von Energie, von Denkvermögen,
von Selbstbestimmungskraft:
An seinen digitalen Trögen
schmarotzend wie in Haft
den Einheitsfraß aus trüben Quellen
von morgens früh bis spät,
gepeitscht von Anerkennungswellen,
bis gar nichts sonst mehr geht.

Ob sie nun gehen, sitzen, liegen,
sie glotzen wie gebannt,
dass sich die Nackenknochen biegen,
vollkommen hirnverbrannt.
Sie warten auf das nächste *Pingen,*
das ihre Neugier quält:
Kein Folterknecht muss sie mehr zwingen.
Sie haben´s selbst gewählt.
Wie viele *Likes* von Grenzdebilen:
Die Frage, die sie treibt,
bereit in jedem Dreck zu wühlen,
wenn nur ein *Like* da bleibt.

Sich selbst erkennen galt vor Zeiten
als höchstes Menschheitsziel:
Heut lässt sich Ego zubereiten
aus *Likes*, wie oft, wie viel.
Ein Freund war einst ein Wegbegleiter,
ein Helfer in der Not,
heut sind es digitale Reiter,
genauso hohl wie tot.
Man *liked* sich durch mit seinesgleichen,

wodurch man Ruhm erwirbt,
man *hated* sich, geht über Leichen,
bis jedes Mitleid stirbt.
Wenn sie dann einst auf's Leben blicken,
was selber sie geschafft,
dann müssen sie die *cloud* anklicken,
der Rest ist weggerafft.

**113**

Sie sitzen in den höchsten Positionen,
in Wirtschaft, Politik und Militär.
Sie lassen sich versorgen wie die Drohnen,
verprassen und vergeuden die Millionen,
sie blicken voller Dünkel von den Thronen
und tun als käm es nicht von ungefähr.

Sie reden von der Last der Leitfunktionen,
wie hart es ist zu führen und wie schwer,
wie dünn die Luft dort oben doch zum Wohnen,
im Blitzgewitter, hinter Mikrophonen
und leiern jeden Tag die gleiche Mär.

Sie sprechen von den großen Schwierigkeiten
im täglichen Parteienkampfgewühl
und haben sich doch längst gewöhnt zu streiten,
sich Niederlagen hämisch zu bereiten
und spotten jedem tieferen Gefühl.

Sie spielen Gut, die andern sind die Bösen
und ohne deren wüste Gegnerschaft
wär es so leicht Probleme rasch zu lösen:
Sie täten´s gern mit Haken und mit Ösen,
wär da nicht ihrer Feinde Machenschaft.

Sie sehen pro Problem nur eine Lösung
und die ist stets von ihnen ausgedacht.
Was Andre denken, führt in die Verwesung
und wird verhindert in der letzten Lesung,
dass bloß kein Andrer mal was besser macht.

Sie brüsten sich der Klarheit der Gedanken
und kennen stets der Weisheit letzten Schluss.
Wer Neues denkt, zählt für sie zu den Kranken
und zuzuhören gilt für sie als Schwanken.
Sich wiederholen ist für sie ein Muss.

---

Und wenn sie auch mit ihren Wahnideen
schon längst gescheitert sind und widerlegt,
sie weigern sich nach Kräften einzusehen
und bleiben auf der selben Stelle stehen,
bis alles tot ist und sich nichts mehr regt.
Es sei denn, ihr Gestühl wird kurzgesägt.

## 114

Freibeuter

Sie führen Krieg, wenn sie von Freiheit reden,
denn ihre Freiheit raubt den Andern Brot.
Sie ziehen weltweit Strangulierungsfäden
und ihrer Wirtschaft laterale Schäden
reißen Millionen in den Tod.

Sie rüsten auf, die Welt zu drangsalieren.
Wer nicht pariert, wird spornstreichs plattgemacht.
Sie bomben aus die, die nicht gleich parieren.
Wer ihnen dient, kriecht bald auf allen Vieren.
Wer widerstrebt, wird schnell mal umgebracht.

Sie bauen um, Profit zu maximieren,
denn Milliardär zu sein reicht ihnen nicht.
Und dass Milliarden Menschen vegetieren
ist nicht genug: Die Gier zu profitieren
wird niemals satt: Sie fürchten kein Gericht.

Sie kaufen ein: Politiker und Rechte,
Parteien, Staaten, deren Militär:
Nach ihrem Willen ihre Henkersknechte;
In ihrem Auftrag führen sie Gefechte,
als ob die Welt für sie ein Schlachthaus wär.

Sie teilen neu: Wer arm ist, der zahlt Steuern.
Wer halb erstickt im Geld, der zahlt sie nicht.
Das ist ihr Weg die Wirtschaft anzufeuern:
Mehr Arbeitslose, Krankheit zu verteuern,
bis eines Tages alles niederbricht.

Sie haben immer neue Raffideen,
wie man den Steuerzahler weiter schröpft:
Wer Arbeit hat, soll länger schuften gehen,
damit die ohne niemals Arbeit sehen,
als hätt man ihnen Herz und Hirn geköpft.

---

Der freie Markt ist wahrhaft frei geworden
von jeder Rücksicht, Hemmung oder Scham.
Der Spekulanten immer dreistre Horden,
sie lassen täglich Vierzigtausend morden
und glauben fest, es nimmt schon keiner Gram.

Sie denken wohl, die Medien kontrollieren,
das Volk verdummen halte ewig hin:
Sie sollten doch Geschichte mal studieren
um klar zu sehn: Es kann den Kopf verlieren,
wer übertreibt: Ist das des Raffens letzter Sinn?

**115**

Heiligendamm 2007

Hinter dem Damm
aus Stacheldraht,
geschützt vor
dem Ansturm der Wirklichkeit,
treffen sich
die großen Acht,
das Heiligtum
ihrer Mitleidlosigkeit

ein weiteres Jahr
zu bewahren.
Zehn Tage lang,
in denen weitere
vierhundert Tausend Kinder verhungern,
Märtyrer der Börsenrendite,
deren Heiligtum
niemand schützt.

Damit acht Achtlose
sich sicher fühlen,
ein Zaun für 12 Millionen,
gegen die 2 Milliarden,
deren Armut zum Himmel schreit.

Warum nicht stattdessen
um Heiligendamm
einen Damm
aus den Leichen der Kinder errichten,
die seit dem Gipfel
der Verantwortungslosigkeit
im letzten Jahr verhungert sind?

---

**116**

FRONTEX

2. 9. 2015 Türkei

Im Urlaubsparadies
liegt eine Puppe am Strand,
das Gesicht
halb im Sand vergraben,
umspült von den auslaufenden Wellen,
die Arme an den Körper gelegt,
ein rotes kurzärmeliges T-Shirt,
die blaue Jeanshose ist hochgerutscht.

Näherkommend
erkennen wir,
dass es ein Kind ist,
ein kleiner Junge,
etwa 2 Jahre alt:
Ertrunken
in Europas Krieg
gegen die Ärmsten der Armen.

Eines von Tausenden Opfern,
die die EU
bei der Verteidigung ihres Wohlstandes
in Kauf nimmt:
460 Millionen Euro
im Jahre 2020:
Ein jährlich wachsendes Budget,
um zu verhindern,
dass Menschen,
die außer ihrem Leben
alles verloren haben
in Frieden leben können.

**F**lüchtlinge
**R**ücksichtslos
**O**rganisiert
**N**achhaltig
**T**atkräftig
**Ex**orzieren.

Geplant ist
eine Truppenstärke von 10.000 Mann
für 1,3 Milliarden Euro jährlich:

---

Soviel ist Europa
die Verteidigung seiner Außengrenzen
gegen das Menschenrecht auf Asyl
wert.

Denn Europa braucht keine Menschen,
deren Integration
Geld kostet und überlegte Konzepte.
Es braucht Käufer,
die seinen Wohlstand mehren
und ansonsten
nicht in Erscheinung treten.
Es braucht Absatzmärkte
für seine subventionierten Waren
und ruiniert damit die Existenz
von Millionen,
die sich dann
als Flüchtlinge
auf den Weg
nach Europa machen.

**117**

Wachstumswahnsinn

Ein Mantra peinigt unsre Welt:
Die Wirtschaft, die muss wachsen.
Es geht wie immer nur um´s Geld:
Gewinne einzutaxen.

Denn wer im Gelde schwimmen will,
muss ständig es vermehren,
riskiert globalen Overkill,
Kreditzins abzuwehren.

Wer wirtschaftsüblich Wachstum sucht,
braucht erst einmal Kredite
und ist dadurch sofort verflucht
zu mehren die Rendite.

Denn Banken haben nur ein Ziel:
Zu steigern die Profite,
egal womit, Hauptsache viel,
so ist es Händlersitte.

---

Dieses System scheint sakrosankt:
Die Politik tut´s schlucken.
Auch wenn die ganze Welt erkrankt,
sie wagt nicht aufzumucken.

Die Erde ist jedoch begrenzt
und wächst nicht mit dem Frevel,
den Industrie als Schreckgespenst
mit Feuer und mit Schwefel
ihr antut zum Entsorgungszweck:
Sie gibt zurück als Nahrung,
recycled so der Gifte Dreck
zur Dummheitsoffenbarung.

Die Menschheit frisst, was sie verteilt
und zahlt mit Selbstzerstörung.
Die Einsicht hat sie spät ereilt
mit zaghafter Empörung.

Der Wirtschaftsweisen Narrenclub,
hat es noch nicht begriffen
und träumt von neuem Wachstumsschub
um Schrumpfung zu umschiffen.

Die Politik nimmt dankbar auf,
was Narrenmund verkündet
und fördert weiter Lemminglauf,
der im Ersaufen mündet.

Schon bald steht die Entscheidung an:
Wer soll nun überleben?
Hirnloser Geldvermehrungswahn
als höchstes Menschheitsstreben?

Oder der Erde Angebot:
Unseren Platz zu finden:
Zu enden Ausbeutung und Not,
sich Schöpfung einzubinden.

**118**

Klimagipfel

1972

Wissenschaftler aus aller Welt

warnen,

dass *die Grenzen des Wachstums* erreicht sind,

dass die Menschheit dabei ist

ihre Lebensgrundlagen zu zerstören,

dass wir uns Zögern, Abwarten, Vertagen

nicht leisten können,

dass unsere Art zu leben, zu wirtschaften,

die Natur auszubeuten

in globale Katastrophen führt.

20 Jahre vergehen

1992

Klimakonferenz in Rio de Janeiro:

eine Klimarahmenkonvention wird verabschiedet

ohne verbindliche Ziele.

Seitdem treffen sich die Mächtigen der Welt

auf jährlichen Klimakonferenzen,
verhandeln Maßnahmen,
verschieben Beschlüsse,
machen Ankündigungen und Pläne,
verabschieden Protokolle:
Um anschließend nichts zu tun.

Freiwillig soll jeder Staat
seine Ziele bestimmen,
mit dem Ergebnis,
dass seitdem
die klimaschädlichen Emissionen
weiter steigen
und jeder im schlechten Beispiel der Anderen
sein Alibi sucht.

Inzwischen brennen die Wälder,
Überschwemmungen und Stürme
erreichen nie gekannte Ausmaße,
die Polkappen schmelzen,
Hitzeperioden lassen immer größere Teile der Erde
vertrocknen
und machen sie unbewohnbar.

---

Trinkwasser wird für immer mehr Menschen
unerreichbar.
Pandemien,
die Ergebnisse rücksichtslosen Umgangs mit der Natur,
verursachen globale Krisen.

All das wäre lösbar,
wäre da nicht das globale Versagen der Politik.

*Wir beobachten euch!*
*Menschen leiden und sterben,*
*ganze Ökosysteme brechen zusammen.*
*Wir stehen am Anfang eines Massensterbens -*
*Und ihr redet nur über Geld und erzählt uns Märchen*
*vom ewigen Wirtschaftswachstum.*
*Wie könnt ihr es wagen?*
*Ihr stehlt uns mit euren leeren Worten unsere Zukunft.*
*Wenn ihr uns im Stich lasst, werden wir euch niemals*
*vergeben! Wir werden euch nicht davon kommen lassen!*

Eine Sechzehnjährige
muss diese Worte,
mit Tränen kämpfend,

den Unverantwortlichen der Welt
entgegenschleudern.

Gab es je eine größere Schande als diese?
Eine Weltpolitik, die sich von einem Teenager
ihre Inkompetenz
mit wissenschaftlichen Zahlen und Fakten
nachweisen lassen muss.

**119**

So viele Kriege,
15000 seit Menschengedenken,
das ewige Ringen um
Macht, Einfluss und Geld,
mit dem alles käuflich scheint.

Milliarden Leben geopfert
im Versuch
vor sich selbst davonzulaufen.

Vergeblich:
Wenn der Kriegsherr sich feiern lässt,
wenn die Bilanz Milliardengewinne verspricht,
wenn der Fuß auf dem Hals des Nächsten steht
und der Mörder sein Opfer getroffen hat,
wenn der Rausch des Triumphes verflogen ist -
ist der finstere Saal der Seele immer noch da
und erwartet die Ankunft des Siegers
mit Grabesstille.

Und weil Du den toten Blick Deiner Augen
nicht aushältst,

wirst Du morgen wieder Siege erringen,
wieder Menschen demütigen,
wieder Tod und Verderben einkalkulieren
im Versuch
durch Macht und Besitz
nicht **werden** zu müssen.

Ein wenig Licht schon
würde genügen
um Deinen wahren Wunsch
zu erkennen
und anzufangen
ein Mensch unter Menschen zu sein.

Ein wenig Licht
um zu sehen,
dass Deine Seele
Heimat für Andere werden will
und dass Du nur so
die tödliche Leere
aus ihr vertreiben wirst.

Wie lange willst Du

---

den Frieden noch aussperren
aus der Welt und aus Dir?

Seit Deiner Geburt
sehnt sich Dein inneres Licht
nach Enthüllung.
Wegen ihm bist Du da,
also lasse nicht zu,
dass es von Dir oder Anderen
verschüttet wird.

Wenn Du anfängst
es freizulegen,
wird es Dich und Deine Umgebung
erleuchten
und je mehr Du enthüllst
umso mehr wirst Du den Sinn
Deines Lebens begreifen.

Wenn Du erkennst,
dass Du ein Teil von Allem bist,
wirst Du aufhören,
Dich selbst zu zerstören,

indem Du dem Ganzen
etwas wegzunehmen versuchst.

Das ist der Tag,
an dem Du anfangen kannst
Anderen dienstbar zu sein
und dadurch Dich selbst
zu beschenken.

Und immer dann,
wenn Du aus freiem Willen,
gebend
das Gleichgewicht wieder hergestellt hast,
wirst Du erfahren,
dass Frieden
aus Gerechtigkeit wächst.

## On new wings

**120**

We´ve been attracted since the day of our beginning
towards a light that shineth high above,
and every step is weighed out in its meaning,
payed for and measured by our longing love.

We´re being pulled by something far beyond us,
a magic call that makes our heart resound
to look for what nobody found before us,
the beauty which is hidden still and bound.

It is the path of our destination
which none before us ever chose to find,
the path of our self-determination
that gives us peace and waters soul and mind.

This yearning makes us equal to each other:
Each one must go and find his way alone.
But only after joining one another
attracted by that light we can find home.

---

**121**

If beauty walks in nature´s empty cloak
as undeserved as any gift of birth,
what does remain when time´s destructive stroke
brings forth decay to what caused childish mirth?

What diff´rence if as goodness she appears
shedding on you the warming light of love:
An ever blooming flower that just rears
its head towards the light of love above.

If she does wither losing leaf by leaf
her seeds will always stay alive and strong
creating fruits forever, and achieve,
defying age and fear of living long.
If beauty is an inner growing force
she never will decay nor cause remorse.

**122**

Love is a flower, small and soft but strong
with mighty roots that anchor in the soil.
It can endure hail, drought and cold quite long
by trying to withdraw to stop recoil.

But if it´s trodden down just all the time
it will be crippled, searching for another way
to reach the sun with which it needs to rhyme
to grow and sprout to honour life each day.

Its trodden buds will not unfold and bloom
but turn to earth becoming fertile ground.
Their withering will thus create new room
for brighter flowers, stronger now and sound.

**123**

How can I know that there is someone waiting,
when all my life was spent so far in vain?
What gives me hope beyond all facts, relating
an inner certitude inspite of all that drain?

A certitude that somewhere there is hidden
a sun whose light is only there for me:
The treasure sowed inside can´t be forbidden
and what is so alive is meant to be!

We are all born to seek our life´s perfection,
to find our missing half that helps us fill
the empty open parts in joyful action
and helps us grow together now and still:
To start the silent way of happy giving,
the only thing that makes our life worth living.

**124**

The bud of love is offered as a present
to most of us if we don´t close our eyes.
To make it bloom you have to have a vision
what it can be and what it needs to rise.

It will  not grow if it´s not watered daily
and if you think it cannot become more.
It will just stop developing its blossom
and waste the bounties that it holds in store.

But if you care and show your estimation
and put your heart on it and all your trust
it will unfold beyond imagination,
infinitely, because that´s what it must.

**125**

It was the moment when all time stood still
and every movement had another meaning,
the moment destiny claimed to fulfil
what for so many years I had been dreaming.

I saw your face and instantly I knew
that we had known each other all the time:
The hidden secret which in silence grew
is now unveiled and our actions rhyme.

There is no doubt, each glance is a reflection
of energies so glad they can unite:
Eternal longing joined with satisfaction:
Embracing trust is feeding our flight.

**126**

When our fingers found each other
in tiptoe dancing trust
it was like kissing one another,
two pilgrims never more to bother
about that fateful must.

All our movements joined together
uniting like in love,
there was no doubt, no asking whether,
we were just flying like one feather
into the sky above.

**127**

I´d like to see your smile forever
and warm you up again
to make your strength return and never,
not ever more that pain.

I´d like to touch your face, caressing
it like the morning dew
to wake it up, never possessing
but sharing something new.

I´d like to meet your eyes for diving
into your depth of soul
to make two hearts united, striving
forever as a whole.

**128**

Those days of fasting gave me strength
and clarity of sight
to use the morning´s silent length
and brightness of its light.

To sit there drinking tea so green,
so sweet and warm inside,
allowing what is to be seen
to fill and make me wide.

Each day to feel new love arise
and make horizons grow,
each day enlightening surprise:
Another seed to sow.

**129**

Accepting pain is part of our journey
for pain will show us we are ego-stuck.
And pain will help us overcome the barriers
which we have built between ourselves and luck.

When our potential does not find fulfillment,
when our actions fail to get much praise,
what does it help to turn your mind to painthoughts
instead of looking for some better ways.

It´s time to leave our self-inflicted patterns
and rise to try what we have never tried.
For by repeating all those old reactions
we just prolong what makes dissatisfied.

**130**

The things that happen, let them be
as they were made for you
to learn from them, to make you see
to find out what to do.

Each obstacle that blocks your way
is meant for you to grow,
to overcome and find the ray
of light that is below.

Your loneliness is what you need
to understand the whole,
to know what´s missing to restore
the unity of soul.

To be so cut off, far away
from understanding love
shall teach you that there is above
a love that shines each day.

To make you realize: It´s you

---

who must make it come true:
It´s what you think and what you do
that makes your sky so blue.

Humility will make you find
the missing part, to give,
to be relaxed in heart and mind
and able just to live.

And this will help you to fulfill
your common destiny,
your deepest needs, your highest will,
why you were made to be.

**131**

Shakespeare

Your spirit´s brightness sparkling through the times
has nurtured more than any of your kind,
and by the strength of all your verse and rhymes
you helped so many their way to find.

Whenever doubting what ideas could do,
materialistic thoughts intriguing me,
I only have to think of one like you,
becoming calm and certain as I see.

In times of hate, stupidity and greed
you help us see how vain and void we are,
thus planting in our minds the fertile seed
of love eternal from your realm so far.

**132**

You can teach them hard
but it won´t arrive.
You can try to press
just all of your life.
You can do your best,
never take a rest,
if you cannot love
it won´t pass the test.

You can sacrifice
everything you own,
work yourself to death
and still feel alone.
You can plan a lot,
plot it to the dot,
if you cannot love
it will all just rot.

You can pray each day
and obey the rules,
use the Holy Words

every day as tools.
You can soar up high
with a martyr´s sigh,
if you cannot love
it is just a lie.

So let´s start to change,
really rearrange.
If we do not try
life will be to die.
Let us work on it
every day a bit,
water it and sow,
so that love can grow.

## 133

Good will is not enough to master life.
A peaceful heart alone does not prevail
against destructive powers bound to strive.
It´s orientation that must fill your sail.

To know the secrets of your hidden soul,
your real needs, the power of your mind:
To understand there is a greater whole
that you can join and that will help you find.

A magic energy connecting you
with everything that is and wants to be,
that helps you grow your strength into the blue
and at the same time makes you gently see.

So that you know that there will always be
a way to grow to greater unity:
The aim that all who really want to see
will some day win and live in harmony.

**134**

If life has taught me one thing
it is: Do not expect!
For it will never happen
as you have thought, in fact.

Fate is a strange old mixture
of things you can´t foretell
and you are just a small part
of what makes future swell.

The only thing you can do:
Be open to receive.
Allow the unexpected.
Be ready to believe.

**135**

A bamboo sprout is healthy food,
but if you let it grow,
it will become a miracle
of strength ready to bow.

There´s nothing you can´t do with it
from furniture to art:
You drink from it, you paint with it
and use it as a dart.

It makes an arrow and a bow
to reach far distant aims.
It´s good for building house or fence
to stake your rightful claims.

You use it as a window frame
to look for sun and star,
but also as a folding screen
that shields you like a bar.

From bamboo you can make a torch

to guide you through the dark
and at the same time warm you up:
A welding power arc.

Its leaves can shade you from the heat
before it is too much,
and they can whip or stroke your skin
with gentle healing touch.

You see the plant is like your will,
if you just make it grow:
So let it sprout up to fulfil
its purpose high and low.

**137**

The morning haze is hidden still
behind the veil of night.
But I can see its dawning will
announcing coming light.

A blackbird´s song gently awakes
the sleeping world around
like water from a rock that makes
new life around abound.

And then the sunrays flood the land
and vision breaks the dark
and you can see God´s mighty hand
in every shining spark.

Your heart wells up in gratitude
and once again you see
that you are given so much more
than you will ever be.

**138**

Love is not wavering of feelings,
a drunkard losing hold and will
with every gentle wind´s temptation:
It´s not emotions free to kill.

Love is just simple, clear and certain,
unshakable and with no fear,
she closes every little rupture,
embracing joyfully to hear.

She never hates, rejects or scorns,
or looks for faults so ego-blind,
she doesn´t cut, helps to be born
accepting strangers just as kind.

Love never will degrade what´s good
but makes you feel you are just more.
The way you are she tips her hood
and parting doesn´t blame you for.

So learn to love if you do miss her so,

---

detect yourself and exercise
and find how far your will can go,
become another´s paradise.

**139**

In every little flower
that grows up to the sun
there is a will to join up
becoming part of one.

To give its special colours,
its fragrance to fulfil
another creature´s yearning:
That is its highest will.

That´s what we all are made for:
To give what we can give
while hoping for an answer:
In happiness to live.

**140**

We´re sitting face to face and open to each other
quite unprotected, just to let it be
that our children´s dreams new brothers
meet and embrace and make us gently see.

We let them walk together into chambers
unknown, to find what we did never see
and watch in wonder, each of us remembers
what we did never quite believe could be.

That´s how I like to start with you each morning,
having our breakfast with a cup of tea,
discovering land with each new hour dawning
together crossing unexplored sea.

**141**

When will I wake to see your face asleep
with days before us like eternities?
Your eyes do open wide to let me deep
into their unknown rooms´ infinities.

You spread your body´s landscape with a will
like hills and downs under a southern light,
and I go wand´ring, resting at your sill,
its warming shade, caressing with delight.

From fountains deep your gift comes welling up
to quench my thirst, inviting me to more
and now we fill and take from our cup
and heave and sink and dig into the core.

A thunderstorm now surges up in gusts
hurling its rain into your thirsty ground
that takes it in just drinking as it must
to find relief while blissfulness is found.

**142**

How precious life can be, my love,
if we can understand.
How much we can achieve in life
if we work hand in hand.

The greatest of all deeds were done
by those whose love was strong.
There´s nothing left unreachable
if our love lasts long.

So let us join our forces now:
It´s easy if you try:
Commit ourselves creatively
to each day passing by.

**143**

If you love her reveal
what your heart makes you feel,
there is nothing to lose here at all.
You will only achieve
where you want to believe.

---

Those who fly must be ready to fall.

**144**

In the rhythm of W. B. Yeats

The first I saw of Ireland:
A patchwork made of green
all stitched together by a hand,
the nicest I have seen.

Each tiny field surrounded by
a row of bush and tree
and still united to a whole,
inspiring to see.

The spirit that has formed this land
can touch you everywhere
in people´s generosity
to open up and share.

The strength of feeling bright or sad,
creating dignity,
exerts its unifying force:
It´s here that you can be.

**145**

There is a little garden
behind a painted door,
a little pond half hidden
beneath a sycamore.

A wooden bench is standing
protected by the wall,
inviting just to sit there
and watch the leaves that fall.

Some stones are laid as footsteps
upon the mossy floor
reminding me of someone
who opened up her door.

When autumn leaves are falling
and sprinkled on the moss
I must think of two green eyes
that make me feel old loss.

But what if in that garden

---

there is an empty place
and someone is there waiting
in silence and in grace.

The one who made it flower
and put her love in it
and all her will and power
and patience quite a bit:

To make that garden send out
its fragrance to the air,
magnetic force attracting
the one who is to fare.

**146**

Let me just rest while kneeling at your sill
and let me touch your doorstep´s warming glow
and shed some tears, becoming calm and still,
before I enter let me let it go.

Your door ajar, I smell your house´s scent,
a fragrance telling me no more to roam,
and all the years that on the road I spent
are now fulfilled as I am coming home.

**147**

Let me drink from your cup the water of life,
let us walk to the top of the dune.
There´s a place prepared where the sand is still warm.
Let us sit there watching the tide.

Breathing the ocean, the smell of the waves,
sharing warmth, lying under the wind.
Above us the birds flying over the bays,
and the mountain protecting one side.

There´s a place there for us to settle and rest
which has brought us together for good.
I will never forget the moment of birth
and feeling I am understood.

**148**

There is a feeling that what was before
was just the dawning of the day at hand,
a faint reflection of the light offshore
that soon will break through clouds and touch my land.

There is a feeling that all energies
are being focussed on a certain point,
fulfilling all my lifelong mysteries,
connecting threads to make a perfect joint.

A tidal wave is rushing towards me
to flood my shore with salty-wet embrace
to bring to life the barren sand, while sea
and wind and land become all one in grace.

I saw this place and smelled the salty air
and had a feeling of the coming day,
and all I have to do now is to fare
and meet your smile forever there to stay.

**149**

Dear, when I think of Ireland
there´s always wind and sea
and sea-gulls flying up from sand
and softly calling me.

I smell the fragrance of the heath,
of grass and salty air,
of silent waters underneath
the moorland ground so bare.

I hear the rushing of the waves
that kiss the sand ashore
and all the voices of the braves
whose love burned to the core.

And then my soul gets on its wings
to join the spirits there,
uniting with two magic rings
two half souls lying bare.

---

**150**

He gave us water so that our plant can grow,
creating life for new creation to release
to teach our soul that just creating brings us peace.
He gave us love to love because he loves us so.

Whenever we get stuck and do not see the way
there´s still that longing for the promised land ahead
that makes us move with our spirit´s strength instead
to find back home where our soul can rest and stay.

Just for some time to gather energies in peace
for sailing out together and united now
to overcome all obstacles by knowing how
creating love will always bring new life´s release.

**151**

Love makes things grow
and doesn´t ask for water:
Love itself is the water of life.
Love doesn´t fence off
but opens the way.
Love doesn´t wait for approval
and rejects being forced
into strait-jackets.

Love is like the light of the sun
that turns the morning dew on the grass
into brilliant stars.
Love is grateful
but always on the move
towards new answers.
Love seeks understanding
even in silence.

Tirelessly love searches for beauty
thus creating it.
Love is the mystery of creation,

---

and who feels it
cannot be but creative.
Love turns darkness into light,
coldness into warmth,
desperation into hope
and hope into certitude.

Love is the arrow
sent by ardent yearning,
finding its target
with irresistible force.

**152**

Act in harmony
with the law of life
and the whole universe
will conspire
to guide your step
to your destination.

**153**

Nothing to blame for
and nobody to despise,
nothing to expect
that isn´t fulfilled,
nothing to criticize,
nobody to make responsible
for self-ordained frustrations.
No more scapegoats
and no-one to envy,
to attack and to project
one´s own self-contempt upon.
No-one to pour over self-pity
expecting motherly comfort.

Just giving and taking,
gladly receiving
the gift of love
with smiling eyes
and overflowing heart
and a soul ready to share,
trading words, growing together,

holding time.

**154**

The warmth of a sunray,

the smell of grass.

A blackbird´s song.

A smile that is answered.

Being able to breathe in

and let it go:

Gifts of the moment.

A cup of tea,

a handshake,

an embrace.

To swing in one rhythm.

The feeling of flying

and at the same time

to stand firmly on the ground.

To be able to walk,

to run.

Listening to music,

singing together,

talking:

The happiness of a new thought.

**155**

If you don´t have a vision
your life will be in vain
and all your hopes and wishes
will end up slain in pain.

Just those who go for heaven
and don´t forget their aim
will ever find their places
and get what is their claim.

**156**

Two Dolphins

Breaking the waves at sunrise to fly
together into the sky,
jumping and diving, joyfully striving,
uniting two souls with each try.

Giving themselves to the waves and the tide
swinging in rhythms of ride,
joining and rising, always surprising
each other by moves side by side.

Receiving the gift of becoming all one
with the water and air and the light:
That is the way it all can be done.
May God be protecting their flight.

**157**

A bright new day has started
and sheds its sparkling light
on meadows, fields and tree tops
proclaiming end of night.

The birds have started singing
their high vibrating song
announcing new beginning
of life so full and strong.

In every little creature
there is a happy will
to join and share the wonders
of life so great and still.

We shouldn´t stand restricted
by those who can´t believe.
If we don´t dare to open
we never will conceive.

**158**

Love is a scent of blossom first
brought by a breeze of spring,
a promise of new life somewhere
moved by a stroke of wing.

You take it in and look around
to find the source of bliss
that caused your longing to arise
and touched you like a kiss.

You follow the invisible,
the trace of fragrant air
to see the beauty hidden still,
and nothing else is there.

And then you find and recognize
of what you always dreamed:
A flower known and unknown yet
from which that fragrance streamed.

It´s like the place you once came from

and anchored in your soul:

The holy grail is not a dream:

It´s there and you are one.

**159**

Water springs from mountain caverns,
sparkling freshness, cool and bright,
cleared by pebbles, rocks and boulders,
coming finally to light.

Rushing down, cascading, winding,
forming thus its unmade bed
and by graciously converging
vitalizing what was dead.

Falling down from rocky ledges,
vapourizing into air,
it fulfills its silent pledges,
forming rainbows bright and fair.

Born from earth, but raised by sunlight
water moves between those two,
finding colourful perfection

---

with its claim becoming true.

**160**

If faith runs deep, its riverbed
will never change its way
and ev´ry waterdrop will go
the chosen course each day.

And even if the bed runs dry
the stones will further tell
of rushing beauty´s time fulfilled
to make new waters swell.

So if you love, run deep with love
and do not change your course,
let trust become your riverbed,
a never wavering force.

On this you build for timeless times
a flood that never stops,
creating life by watering
new earth with all your drops.

Zeitfracht Medien GmbH
Ferdinand-Jühlke-Straße 7
99095 Erfurt, Deutschland
produktsicherheit@kolibri360.de